サッカーボール型キャリア開発

――グローバルキャリアに偏差値なし

目次

まえがき

私は30年近くアメリカ松下電器（現Panasonic）で奉職した後、２００６年に母校・明治学院大学経済学部国際経営学部に客員教授として迎えられました。

私の卒業した１９６０年代にはなかった「キャリアセンター」という、学生たちの就職サポート部門にふれたのはその時でした。在学中にできるだけ多くのキャリアを身につけさせ、数ある就職先にマッチングさせる、幅広い機能を持たせたものとの説明を受けました。かつての私たちの頃は、「就職部」の壁一面に貼られた求人リストの中から自分の希望する所を選び、就職部の職員あるいはゼミの先生などに相談しながら、希望する職種、賃金、労働条件、勤務地、将来性等々を考慮しながら絞り込んでいったものです。

現在では、学生たちが希望業種、労働条件、賃金をイメージしながら、インターネットでリストアップし、成績表と履歴書を送り、ほぼ瞬時に合否判定と面接予定の回答が来るわけです。それ以外のアプローチとしては、キャリアセンターに貼り付けてある求人先リストから選んで、同じようにインターネットでアプローチするか、もしくは会社訪問して就職の手続きを進めるのが通常です。

キャリアセンターのオリジナルはアメリカにあります。アメリカでは4年間の大学生活は、2年間教養をつけ、その後に自分の生涯プランを描き、キャリア実績をつける期間です。様々な仕事のインターンシップも経験し、自分の専攻する学問に加えて、できるだけ多くの経験を積むことに努力を重ねます。大学を卒業するまでに、社会に出て就職するための武器となるキャリアが望まれるのです。弁護士、公認会計士、医師、特別な技術者、経営者を目指すエリートたちは、リベラルアーツと言われる教養学部を4年間続けた後、それぞれの特別な職業専門部門で資格も含めてさらに学習します。

大部分の企業は、インターネットを含むメディアで新入社員を公募しますが、法律的な規制がいくつかあります。社内でポジションのない、いわゆる「社内浪人」、あるいは社内で配置変更を希望する人などを優先することが求められています。最も厳しいルールは、マイノリティといわれる少数民族（アメリカ先住民、黒人、ヒスパニック移民者、アジアからの移民、ユダヤ人）を5％以上採用することを国家が企業に義務付けています。このような環境の下で就職戦線に勝ち抜くには、他人にない卓越したキャリアを数多く持つほどチャンスがあることは言うまでもありません。アメリカでは、学生といえども、キャリアの専門性と幅が要求される訳です。

日本との大きなシステム上の違いは、アメリカは企業の就職試験を本社で一度にやることはほとんどなく、各部門が必要に応じて採用リクエストをＨＲ（人事部）に提出し、条件付けすることです。また、「新卒のみ」というような公募は差別の問題がありできません。「大卒に限る」というような公募をした場合は訴訟の対象となります。

本書を書く上でいちばん心を配ったのは、日本の学生がどれくらい就職戦線に有効なスキルとなるキャリアを積んでくれるか、ということです。実社会で有効なプロフェッショナルなワーキング・スキルを、大学生としての教養の上にどれくらい多く付加するかということがいかに重要であるかを、本書を通じて理解していただきたいと思います。

私は現役時代に、多面的経営業績評価のフィジカルで科学的な分析として、サッカーボールを使ったことがあります。実際のクラスルームでもこの手法を使い、サッカーボールの多面を自分のキャリアで埋め尽くすようなアプローチを過去3年間試みました。本書のタイトルを「サッカーボール型キャリア開発」としたのはそこからきています。

本書は第1部で、グローバル競争に生き抜いているアントレプレナー・レジェンド達を紹介します。その生きざまを学習し、これから社会に出ていく糧としていただきたい。次には、あなたのキャリアを、あなたがサッカーボールに書き込むことを実行してください。きっとあなたの人生は夢にあふれた、充実した人生になるはずです。

そして第2部では、明治学院大学法学部の卒業生で、相模女子大学学芸学部英語文化コミュニケーション学科の小泉京美准教授が、キャリアアップの理論と方法、さらに本人の経験に基づくキャリア形成について執筆しています。

あなたのプロフェッショナル・キャリアで、何個のサッカーボールを塗りつぶすことができるでしょうか?

"Let's challenge together!"

2016年3月

岩谷 英昭

装丁・本文デザイン＝渋谷友彦（リリーフ・システムズ）

第1部

執筆：岩谷英昭

第1章

グローバルキャリア10傑

多くの起業家たちは、種々のビジネスの中においてもオールマイティなキャリアの持ち主です。これから紹介する10人のグローバル・アントレプレナー（起業家）たちは、海外のビジネスの経験をベースに日本で起業した人、あるいは、日本の経験を生かして海外でビジネスを立ち上げ、今も外国にいて、人種、言葉、宗教、習慣の違う中で、現地の社員たちとともに実績を挙げられている人たちです。

彼らには以下のような共通点があります。

A　夢と志を強く持ち続ける

B　子供の頃から海外志望である

C　波乱万丈の幼年、少年期

D 大病を克服
E 性格的に前向きで明るい
F 好奇心が強く、新規チャレンジ欲が旺盛
G 義理がたく、人情味がある
H 親族に海外経験者がいる
I 社会貢献活動に興味
J 冒険心を持つ
K ダイバーシティ重視
L 奥様が良きパートナーの場合がある
M 学歴、成績に拘らない
N 考え方がフレキシブル
O 学生時代に団体活動の経験がある
P 仕事大好き人間
Q 強運（自分でそのように考える）
R 楽観的考え方
S ビジネス内容が好きである
T 成功するまで辞めない根性

U　三つ子の魂、百までも（資質、DNA）
V　投資に機敏
W　政治に興味を示すが、自らは入らない
X　広く質の高いヒューマンネットワーク
Y　ITの進化に理解
Z　潮目を読みパラダイムシフトに挑戦

あなたにはいくつ当てはまるでしょうか。自分で自己分析をしてみてください。

グローバル競争に生き抜いてきたアントレプレナーたちが、いかにキャリアを築いてきたか、その貴重な体験から学ぶところはきっと大きいはずです。

1

川野作織

アメリカの和食文化貢献の母

食文化交流と社会貢献を10年間続ける

川野作織《さおり》は、ニューヨークのダウンタウン、9・11同時多発テロの現場である世界貿易センタービルから4ブロック離れたところで、和包丁、和洋食器、厨房設備を取り扱う貿易会社「Korin」を1982年に創立した。現在、社長&CEOである彼女は、ニューヨークだけでなく全米の料理店の頑固おやじたちからも厚い信頼を受けており、厨房を預かる無口で気難しいシェフが彼女のセールストークに耳を傾けている姿を私は何度も目にしたことがある。近年では、フレンチ、イタリアン、アメリカンのシェフたちのあいだにも、常に笑顔を絶やさないチャーミングな彼女のファンが増えている。

川野作織は、２００５年にＮＰＯ法人「五絆ソサエティ」を立ち上げた。そして、京都の吉兆、金沢の銭屋などの伝統ある有名料亭の協力を得て、アメリカの若い料理人たちに日本の食文化を学ぶ機会を与えるという食文化交流と社会貢献を10年間続けてきた。アメリカの料理人が、打ち刃物のメッカである大阪・堺の匠の技で作られた高級和包丁を使って、西洋料理を調理する姿はなかなかの見ものである。

川野作織の祖父・田中耕造は、戦前に満州（現在の中国東北部）へ渡り、「南満州鉄道」にエンジニアとして勤務した。やがて、日中戦争、太平洋戦争と戦火が拡大する中で、一人娘の恭子が10歳の時に、大連の病院で帰らぬ人となる。１９４５年の終戦時、恭子は17歳だったが、その後も彼の地に留まって中国人、ロシア人たちと一緒に「満州電業」でエンジニアとして働いた。そして2年後の１９４７年、最後の引揚船で帰国した。現地で生まれ育った恭子は、戦禍に遭いながらも中国人の友人たちに守られて無事に生き延びられたことを生涯感謝していたという。

こうした過酷な環境を生き延びた恭子のＤＮＡを受けて誕生したのが作織である。少女時代はアメリカ文化が花盛りだった。作織は、いずれはアメリカで暮らしたいという夢をはぐくみながら成長した。大学で英語を学び、中学校の校長だった父親の影響もあって中学の英語教師を２年間勤めるが、アメリカへの夢が捨てきれず、結婚と同時にニューヨークに渡る。１９７８年7月、25歳の夏だった。

和食器を買い付けてレストランに売る

当時は、アメリカでの生活は夢のまた夢の時代、就労ビザがなければ働くことすらできない。アメリカ生活への唯一の道は日本食レストランで働き、グリーンカード（永住権）を取得することだった。固定給はほとんどなくチップに頼る毎日で、「アメリカンドリーム」からはほど遠い日々が3年程続いた。

あと1年で永住権が取れると弁護士に言われたことから、作織は永住権取得後は何とか独立したいと考え、和食器を買い付けてレストランに売ろうというアイデアを思いついた。レストランのチップをためた2000ドルを元手に、有田焼のカタログを実家の隣にある商社から送ってもらった。だがそれは家庭用有田焼のカタログだったため、仕入れた商品はレストランでは受け入れられなかった。

作織は、それに懲りずにウェイトレスで生計を立てながら仕事の合間に行商を続けたが、家庭用の有田焼は値段が高く、薄くて壊れやすいためレストランには全く売れなかった。あっという間に在庫過剰になり、キャッシュフロー問題が経営を圧迫した。業務用食器やカタログが存在するなど知るよしもなく、間違った仕入れを何度も繰り返した。食べることにも不自由するギリギリの状態が毎日の生活にのしかかってきた。思いあまって路上に段ボール箱を置いて商品をその上に並べて露天販売をやってみたが、売れる額は数十ドルにしかならず、生活は困窮をきわめた。

空き店舗で有田焼の陶器市

そんなある日、ニュージャージー州フォートリーの、日本人が集まるオークツリーセンターでヘアーサロン「アカネ」を経営している友人のところへ遊びに行った。ビルの一角にある空き店舗を見た作織は、現地の日本人家族向けに有田焼の陶器市を土曜日限定でやったらどうかと思いついた。友人にビルのオーナーを紹介してくれるよう頼んだ。オーナーは背が高くでっぷりと太った中年のユダヤ人だった。作織は「当たって砕けろ、ダメで元々」と、1日だけ無料で貸してもらえないかと頼み込んだ。

「私が扱っている、日本の素晴らしい有田焼という陶器を、土曜日だけ、あの空き店舗で展示即売させてください。日本人なら誰でも知っているこの美しい有田焼のセットを販売したら、多くの日本人家族がこのビルにきます。ほかのテナントさんにも大きな販売チャンスが生まれるのでビル全体にとってメリットが大きいですよ。新しいテナントも見つかる良いチャンスになるはずです。見本にこの有田焼のセットを差し上げます。是非奥様とご一緒にお宅で使ってみてください」

作織は必死だった。

「1日だけこの場所を無料で貸してくださったら、これから1ヶ月、毎週末、展示即売会のビラを土曜日の日本語学校、食料品店、スーパーマーケットとオークツリーセンターで配り、多くの日本人に宣伝します」

と、このビル自体が日本人の間で有名になると売り込んだ。

体の小さい、少女のような日本人女性の心意気に圧倒されたのか、いつの間にかオーナーの顔も大阪商人《あきんど》が丁稚を育てるように和らいだ。「やってみなはれ」

それからの1ヶ月間、作織は商品をいかに魅力的に見せるか、という課題に取り組んだ。素人ながら店の照明にも工夫をこらした。できることは何でもやった。最大の悩みは価格をどうするかだった。有田焼を知っている日本人にも納得して買ってもらえるような価格を考え、品質の高い商品を日本で買う値段と遜色がないように設定した。

後でわかったことだが、この地区に住む日本人の多くは、日系メーカー、商社、金融損保関係、大手企業などの駐在員家族なので、有田焼の価値と価格もよく知っていたのだった。宣伝のチラシもすべて手作りで工夫を凝らし、3000枚印刷し、1ヶ月間毎週、土曜、日曜に、夫、留学中の弟と3人で配り続けた。

いよいよ開店当日の土曜日になった。不安な思いで見守る作織たちの前に、日本語学校に子供を送った後の親やドライブしてきた夫婦連れが、10時の開店前から列を作っていた。作織は目を疑った。想像をはるかに超えた嬉しい結果だった。

さらに嬉しいことに、オークツリーセンターのビル内の飲食店、書店、旅行社、友人のヘアーサロン「アカネ」までが、日本語学校への送り迎えの日本人たちで大繁盛となった。オーナーもこの状況に大満足で、次の週の無料貸し出しにも、にっこりとOKサインをくれた。当日の作織の店の売上げは5000ドルを超えた。

その夜、作織は売上げを枕元に置いてベッドに入ったが、その日に起こった様々な場面が頭の中をいつまでも駆け巡って、一晩中眠ることができなかった。これで商売が続けられる、というよりどうにか食いつなぐことができる、という安堵と喜びでいっぱいだった。

作織はこの時の経験から、価格建て、宣伝効果、キャッシュフロー、不良在庫への対応、家主にとってのメリットをアピールする交渉術等々の重要性を学んだ。何よりも、ピンチをチャンスに変える発想の柔軟性が新たな道を切り開く、という確信を得た。後に本格的に店舗を持ち、「生き馬の目を抜く」と言われる世界のビジネス街、ニューヨークのマンハッタンで商売をする基礎をここで作りあげることになった。

湾岸戦争で売上げが激減する

こうして、起業時からの小さな試練を積み重ねながら「コリン・ジャパニーズ・トレーディング」を経営し、6年後の1988年には娘も誕生した。すべてが順調にいくかと思われた矢先、

1991年の湾岸戦争で売上げが65%減に陥ってしまう。人も雇えなくなり、娘のまりを乗せた乳母車にサンプル商品の入ったバッグを目一杯ぶら下げて日本食レストランのセールスに廻った。さいわい乳母車を押して子連れで行商する作織を咎めるレストランは一軒もなかった。当時のレストランの人々の温かい思いやりと理解に、彼女は今でも心から感謝している。

売上げ低迷による多額の負債、銀行金利の上昇、急な円高、夫婦の危機、1994年の離婚、と試練は続いた。作織は、つい日本にいる母に泣き言を訴えた。母はこう言った。

「人生に100%は望めないのよ。失ったものを嘆かずに、今持っているものを大事にして生きるのが大切よ。あなたには仕事があり、娘がいるじゃないの。それで充分でしょう。仕事と娘があなたの生きがいであり、心の支えになっているのだから、今出来ることを精一杯頑張ったらいいじゃないの」

母の励ましによって、自分の状況は最悪ではないと悟ることができた。

離婚という人生の大きな転機を乗り越えた後、作織は精神的にもようやく仕事に集中することができるようになった。やる気とビジネスに対する想像力が湧いてきた。日本からの買い付けも、陶器、厨房器具全般に加えて、日本伝統の和包丁に力を入れることにした。大阪・堺の包丁職人、東京や岐阜の関にある日本を代表する包丁メーカーを訪問し、「和食をニューヨークへ紹介するため」と夢と志を語り、取引を頼んで廻った。

彼女の熱意に惚れ込んだメーカーの協力により、商品レンジは増えていったが、同時に高額な在庫も益々増え、キャッシュフローも厳しさが増してきた。しかし、子連れの起業家の信用はニューヨーク中のレストランに少しずつ広がり、注文もだんだん増えていった。当時、新進気鋭、今では世界的レストランチェーンに発展した「Nobu」の松久信幸氏と親しくなったのもこの頃だった。

料理業界では、日本であれ外国であれ、包丁は料理人が個人で買うもので、シェフにとっては大事なパートナーのような存在だ。価格は日本の職人が作るプロ用包丁の格にふさわしい良心的な値段ではあるものの、洋包丁に比べると2、3倍は高い。使い勝手も洋包丁とはまったく違う。それだけに、和包丁は売りっぱなしでなく、「研ぎ」を教え、修理も出来なければ、買った客、特に和包丁に慣れていないシェフたちが困ってしまう。作織は、包丁の修理は日本に送るしかない状況を何とか改善したいと模索していた。

そこで、日本の和包丁の歴史、作る工程、職人の紹介、研ぎ方、使い方の説明をした英文カタログを作成し、和包丁を使っているシェフたちに、なぜ日本の包丁が好きなのかを熱く語ってもらった。その良さと違いを紹介する一方、日本一と言われる研ぎ師の水山師匠に指導をお願いし、社内で「研ぎ」と「お直し」が完全に出来るように技術の習得に力を入れた。

小さな機械導入と手研ぎによるサービスから始まり、2007年には、店舗を全面改装して立派な包丁研ぎの作業場を造った。店を訪れる客に、デモンストレーションも兼ねて「研ぎ」のサービスと定期講習会も始めた。忙しくて経験の比較的短い和食料理人、あるいは有名フランス料理のシェフたちには、このサービスは大変喜ばれた。社員も50人近くに増え、和包丁、和食器、厨房器具の会社として、アメリカのレストラン業界では誰でも知っている有名店になった。プロの料理人だけでなく、アメリカ人、日本人、海外からも多くの料理好きな人たちが訪れた。

9・11同時多発テロで窮地に陥る

世界一のビジネス都市、ニューヨークは大事件が津波のように襲ってくる。

2001年9月11日、「Korin」の目と鼻の先にある世界貿易センタービルが同時多発テロの標的となり、1時間前後で3000人以上の犠牲者を出して消えてなくなった。爆発音とともに粉塵が店の中に舞い込んで来た。オフィスで仕事をしていた作織は、何が起きたのかとっさに判断ができなかった。それから3ヶ月間は会社の辺り一帯が立ち入り禁止地区になり、開店休業どころか倒産の恐れすらある状況に陥った。

窮境にあった「Korin」を救ったのは、取引先企業のすべてが輸入代金の支払い期日の延期を快諾してくれたことだった。創業から常にキャッシュフローと資金繰りに苦労してきた経験から、1999年に無借金経営を果たし、銀行に借入金がなかったことが幸いしたのだった。

2002年、ようやく会社に戻れた作織は、いち早く復興に向けて立ち上がる。先ずは、レストランだけを顧客にしていたビジネスモデルを改め、レストラン用だったショールームを休業なしの小売店舗に転換した。それに伴い、当時ぼちぼち始まっていたインターネットによるオンライン・ショッピングに力を入れ、２００３年から全商品をオンラインでも販売するようにした。これは、ある日突然業務の中断を余儀なくされたテロから学んだことだ。どのような状況にあってもビジネスを継続させるためには、場所にとらわれないビジネスモデルを構築したい。その思いが新たなセールスチャンスにつながった。まさに転んでもタダでは起きない、たくましい商人に成長していた。

この後も、厳しいビジネス環境は波のように押し寄せた。２００８年のリーマンショック、２０１１年の75円まで進んだ急激な円高。だが、それにも負けず、木の葉のように波間で揺れる「コリン・ジャパニーズ・トレーディング」社はたくましい女性社長のリーダーシップにより、確実に成長している。

アメリカでのビジネスは、常に儲けたものを業界に返していくという社会貢献度が問われるが、アメリカのホスピタリティー業界の更なる発展に「Korin」がどのように寄与していけるかが、これからの大きな課題だと作織は考えている。日本の食文化を紹介する活動を通じて、ビジネスの域を超えた顧客との確固たる信頼関係を創り、親日家を育てていくミッションを持つＮＰＯ「Gohan Society（五絆ソサエティ）」は、世界中に和食文化の普及とそれを取り巻くビジネスの発展を証明してくれた。

【論評】

川野作織は、祖父母、母親から受け継いだ資質からか、海外で生活することがごく自然にできる。とりわけ、前向きで明るい性格は、母親の生き写しである。長年のアメリカ生活の中で、決して順風満帆の時ばかりではなかったが、常に明るく前向きに、周りの色々な国の人と交わりながら、ビジネスを発展させてきた。それとともに、和食文化というバックボーンを失わないで、和包丁、日本流キッチン用品を事業に育ててきた功績は評価が大である。

さらに「五絆ソサエティ」というＮＰＯ団体を立ち上げ、和の食文化をアメリカのシェフたちに普及させた功績は高く評価できるグローバル起業家である。

2

大坂靖彦

常に脱皮しながら生態変化する永遠のアントレプレナー

アメリカ映画を見て外国に憧れる

大坂靖彦は1944（昭和19）年4月4日、浜松市に生まれる。父・大坂朗は太平洋戦争末期の空襲で家を失い、香川県高松市に近い長尾町に移り住んだ。浜松在住の頃に、飛行隊で無線教官だった経験を生かし、戦後すぐに大坂無線電機製作所を創業し、ソニーと同時期にテープレコーダーの試作に成功する。やがて近所の人たちが、時計やラジオの修理を持ち込むようになり、製造よりも電気製品の販売を手がけるようになった。ナショナル電球、電池などの消耗品から、やがて経済の高度成長時代を迎えると、アイロン、洗濯機、掃除機、冷蔵庫、白黒テレビ、といった電化製品が店先に所狭しと並ぶようになっていった。

靖彦は戦後の復興と同時に、人々の憧れの家電商品の中で育った。小学校高学年になると、テレビのアンテナを立てる作業などの手伝いもした。当時は日本中どこでも、小学生たちが家業を手伝ったものだ。すし詰め状態の学校で、昼間は勉強、帰宅すると親の手伝いをするのが日常茶飯事だった。靖彦は小学校の映画教室の時間にアメリカ映画を見るのが楽しみだった。

「あんな大きな家が本当にあるのだろうか？　庭にプールなんて信じられない。毎日のように華やかなパーティをやっている」

スクリーンに映し出される見たこともない世界は靖彦を魅了し、いつか外国でこんな暮しをしたいというのが彼の憧れになっていった。この夢を実現するために、頑張って語学教育の充実した大学へ行きたい、と考えるようになった。

高校生になると、志望を上智大学に絞ったが、先生から英語での受験は競争が厳しいのでドイツ語で受験した方がいいと言われた。幸い上智大学経済学部に入学することができ、ドイツ語にさらなる磨きをかけようとドイツ留学を志したが、ものの見事に失敗してしまった。ここで挫折したのでは今までの努力が泡と消え去る。高校生の頃にベストセラーになった小田実の無銭旅行記『何でも見てやろう』に影響されて、靖彦はヒッチハイクでの無銭旅行を思いつく。

横浜からバイカル号に乗ってソ連のナホトカ港に渡り、イエナーグラスベルグというテレビ工場で給料の高い夜勤労働に従事する。さらに、なんとかドイツまで辿り着くが、食事代にも事欠くありさまだった。その時訪ねた小さなワイナリーが、幸いにも住み込みで面倒を見てくれた。

無銭旅行によって国際感覚を身につける

当時を振り返り、このワイナリーの家族の扶けがなくては大げさに言えば飢死する危険さえあったかもしれないと靖彦は思う。話は一挙に21世紀まで飛ぶが、家電販売で成功を収めた靖彦は、酒の大型ディスカウントを始める機会に、何か恩返しをしたいと思い、真っ先にこのワイナリーからコンテナベースで輸入を始めた。販売は日本のワインの普及とともに期待以上の伸びを示し、ドイツの小さな村中をあげて日本の地方都市・高松へワインのコンテナが出荷されてきた。

この武者修行とも言える無銭旅行によって得た国際感覚と、周囲の人たちに感謝の気持ちを忘れないという律義さが、のちの成功につながる気質を育ててくれた。もちろんドイツ語も堪能になり、上智大学に帰ったときには実践的なドイツ語会話においてはクラスで一目置かれる存在になっていた。ドイツ語の勉強はどこでも出来るが、ドイツ人気質とカルチャーを肌で体得したことが今日の彼を支えているといっていい。

5年の歳月が流れ、就職の時を迎えた。家業を継ぐか、夢の実現のために企業に入り海外駐在の仕事を目指すか、靖彦は悩みに悩んだ。その結果、どちらにでも進める松下電器産業（現・パナソニック）に就職が決まったのは、今から考えると、なんとラッキーなダブルチャンスであったかと彼は振り返る。

松下電器に入るやいなや、持ち前の積極性とドイツ語能力、海外生活の経験を生かして、新入社員の憧れのキャリア、海外トレーニー（研修生）に見事推薦された。これは、具体的な職位につく前に、2年間、語学習得とともに海外生活に慣れる実地研修のプログラムである。1960年代から、トランジスタ技術の発展とともに家電エレクトロニクス商品の輸出が毎年2ケタ成長を繰り返していた事から始められた制度である。

しかし、研修先として配属されたところは、欧州全体に乾電池を販売する松下電器であっても、ちっぽけな販売会社のひとつにすぎなかった。そこで靖彦は幸運にも、将来松下電器の上席副社長にまで上りつめる佐久間昇二と出会う。佐久間は生涯を通じてのメンター（助言者）として、将来起こる難局を切り抜けるバックアップの手を差し伸べることになった。

2年間の研修が終わり、靖彦は帰国する。日本での所属先は松下電器の中でも1、2に歴史のある電池を製造販売する事業部だった。「山椒は小粒でピリリと辛い」のたとえ通り、偉大な創業者・松下幸之助が心血を注いで創業した「砲弾型自転車ランプ」の製造工場であり、今までに数々の基幹経営者を生み出した事業場でもあった。一言で言えば、松下電器創業からの経営のノウハウが蓄積されており、ここでの人間関係が将来の靖彦を支える財となった。

四国へ戻り家業の電器店を継ぐ

この恵まれた職場も、父が病気で現職の社長を退いた機会に、家族からの懇願により退社することになった。靖彦はナショナル（松下電器）の商品をもっと売ると約束して、再び四国の地を踏む。1972年、家業の電器店・大坂屋を継いだ靖彦は、チェーン化、大型量販店へと仕事の規模を大幅に拡大させた。

靖彦は、大学時代に読んだアメリカの経営学者ポール・マイヤーの著書に大きな影響を受けた。「自分の思いを大きな紙に描きなさい。それと現実とのギャップを一つずつ埋めていけば、人生はきっと思い描いた通りになる」

「経営計画書」と「人生設計図」をシンクロナイズさせること。人生で何をやりたいかをはっきりと計画に落とし込み、中長期計画の中で毎年進捗をチェックしながら将来に向かって歩むこと。そして自分が何歳で人生を終わるかを「人生設計図」にはっきりと明記しておくこと。これは、彼にとってまさに魔法の言葉となった。

靖彦は「89歳の4月4日が命日」と決めている。筆者も彼と同僚であった時代に「あなたは何歳まで生きるつもりか」と問われて大変驚いたことを覚えている。20歳代でそれを考えることはナンセンスのようにも思えるが、今の自分の年になると、もっと前から真剣に彼のアドバイスを

大坂塾の塾長として講義に情熱を傾ける

聞いておけばよかったと思うようになった。

蟬が幼虫から成虫に脱皮しながら生態変化することを「蛻変《ぜいへん》」という。靖彦は、企業は変化する社会環境の下で「蛻変」を意識的に行なわなければならないと戒めた。低成長期には、企業も自分もそれに合わせた行動が求められる。彼の座右の銘は、ダーウィンの『種の起源』の次の言葉である。

「生き残るものは、種の中でも最も強い者ではない。種の中で最も知力の優れた者でもない。最も変化に適応する者である」

この言葉通り、靖彦は松下電器を皮切りに、大坂屋、上智デンキ、マツヤデンキ、ビッグ・エス、ケーズデンキ、PC DEPOT（フランチャイズ）と「蛻変」をつづけてきた。

現在では、自社の人材教育から業界の発展、地域の発展、日本中の中小企業の健全な発展のため

大坂靖彦のビッグライフプラン

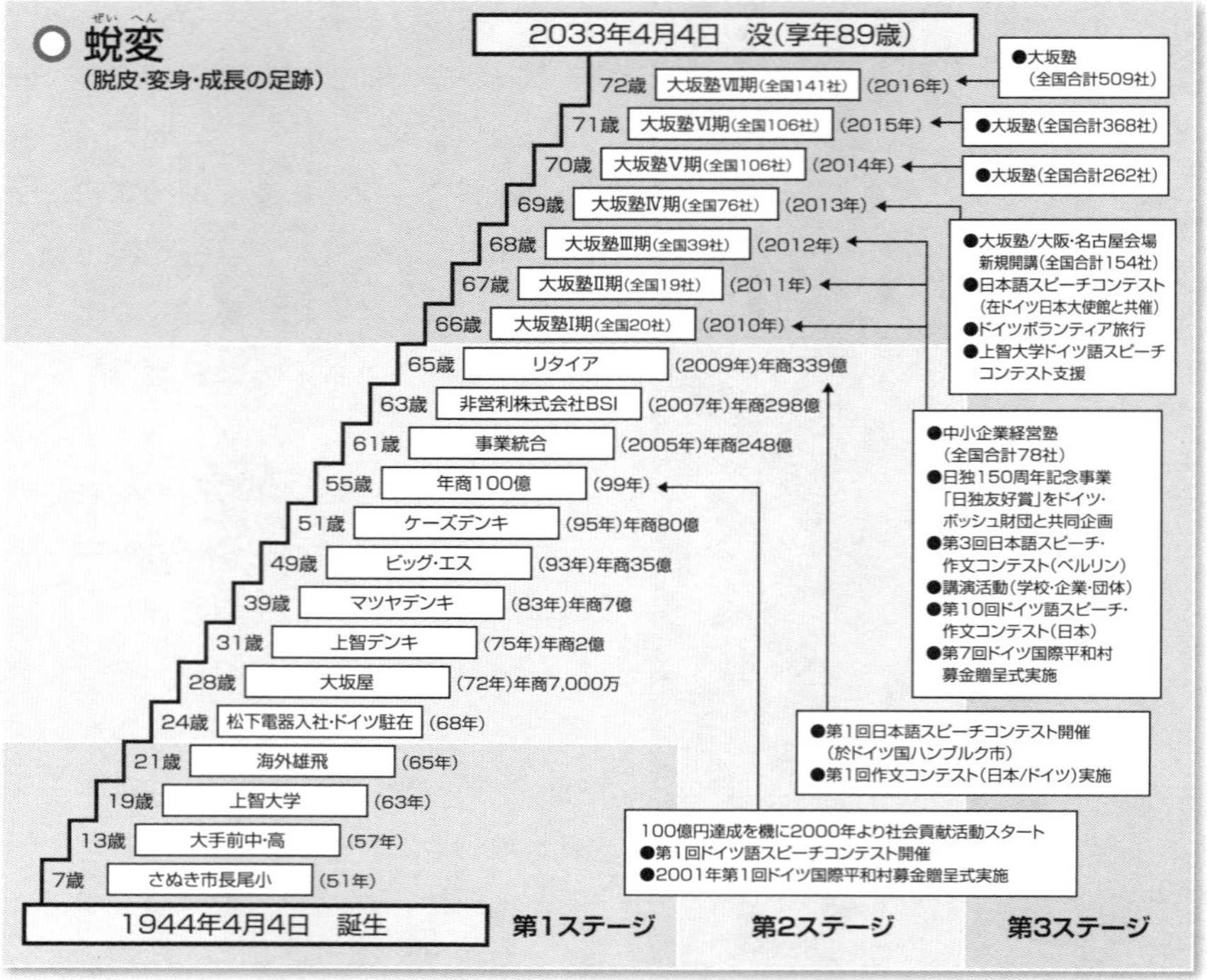

蛻変《ぜいへん》
(脱皮・変身・成長の足跡)
2033年4月4日　没(享年89歳)
72歳 大坂塾Ⅶ期(全国141社) (2016年)
71歳 大坂塾Ⅵ期(全国106社) (2015年)
70歳 大坂塾Ⅴ期(全国106社) (2014年)
69歳 大坂塾Ⅳ期(全国76社) (2013年)
68歳 大坂塾Ⅲ期(全国39社) (2012年)
67歳 大坂塾Ⅱ期(全国19社) (2011年)
66歳 大坂塾Ⅰ期(全国20社) (2010年)
65歳 リタイア (2009年)年商339億
63歳 非営利株式会社BSI (2007年)年商298億
61歳 事業統合 (2005年)年商248億
55歳 年商100億 (99年)
51歳 ケーズデンキ (95年)年商80億
49歳 ビッグ・エス (93年)年商35億
39歳 マツヤデンキ (83年)年商7億
31歳 上智デンキ (75年)年商2億
28歳 大坂屋 (72年)年商7,000万
24歳 松下電器入社・ドイツ駐在 (68年)
21歳 海外雄飛 (65年)
19歳 上智大学 (63年)
13歳 大手前中・高 (57年)
7歳 さぬき市長尾小 (51年)
1944年4月4日　誕生
●大坂塾 (全国合計509社)
●大坂塾(全国合計368社)
●大坂塾(全国合計262社)
●大坂塾/大阪・名古屋会場新規開講(全国合計154社)
●日本語スピーチコンテスト(在ドイツ日本大使館と共催)
●ドイツボランティア旅行
●上智大学ドイツ語スピーチコンテスト支援
●中小企業経営塾(全国合計78社)
●日独150周年記念事業「日独友好賞」をドイツ・ボッシュ財団と共同企画
●第3回日本語スピーチ・作文コンテスト(ベルリン)
●講演活動(学校・企業・団体)
●第10回ドイツ語スピーチ・作文コンテスト(日本)
●第7回ドイツ国際平和村募金贈呈式実施
●第1回日本語スピーチコンテスト開催(於ドイツ国ハンブルク市)
●第1回作文コンテスト(日本/ドイツ)実施
100億円達成を機に2000年より社会貢献活動スタート
●第1回ドイツ語スピーチコンテスト開催
●2001年第1回ドイツ国際平和村募金贈呈式実施
第1ステージ
第2ステージ
第3ステージ

出典:大坂塾ウェブサイト(http://www.osaka-juku.com/yasuhiko_osaka/)より

に「大坂塾」を立ち上げ、人生戦略、経営戦略、情報収集・分析を教授する忙しい現役仕事人、永遠のアントレプレナーである。

【論評】

大坂靖彦はアントレプレナーの評価点としては、ほぼ満点といえる。無線電機製作所を経営する父親を持ち、家電製品の中で育ち、自然に技術と商売のセンスを身につけていった。子どもの頃から海外に憧れ、ドイツ語を学習し、バックパックひとつで日本を飛び出す。

波乱万丈の人生を過ごす中で、自分で立てた「人生設計図」を忠実に現実のものにしていった。人生設計図には描くことのできない、思いもよらないくも膜下出血の大病も乗り越え、社会貢献の最終コースを爆走中である。

3

田中俊彦
スキーツアー海外占有率ナンバーワン

株式会社フェロートラベル代表取締役会長、田中俊彦は1947（昭和22）年、ニシン漁とNHKの朝ドラ「マッサンとエリー」で有名になったニッカウィスキーの故郷、北海道余市に生まれた。

海運業からスキーツアーの旅行社へ

明治学院大学を卒業後、日本郵船の子会社の海外運送部門に就職する。ここで4年間、海運業の基本的な仕事を徹底的に叩き込まれた。経理、セールス、新造船、の各部署を6ヶ月ずつ回り、会社の仕組み、仕事のやり方を体で覚えることができた。この海運業で学んだ、仕事はなるべく多く、スピーディにやるというモットーが、将来、部下をもって仕事をする時に役立った。

俊彦は、「青年は荒野をめざす」という冒険心と独立心に突き上げられて、バックパックの無銭旅行に近い形でナホトカから旅に出る。起業家である父親譲りの独立心と、「あなたは男なんだから、一世一代の仕事をしなさい」という母親の言葉に押されて、「30歳までに自分の会社を創る」という志を実現するための武者修行の旅だった。

シベリア鉄道の旅は決して快適ではなかった。北欧で皿洗いをして資金を稼ぎ、ヒッチハイクでヨーロッパを見て歩いた。その時に見たスイスの美しい山々が、人生をかけた仕事場になるとは、俊彦は微塵も思わなかった。

それから4年近くの間、海運業の下請けのような仕事にいろいろとたずさわったが、これからの人生をかけてやるだけの仕事とは思えなかった。ある時、国内外でスキーツァーをやっているカワセツーリストと出会い、「これなら自分にもできるかもしれない」と俊彦は思いついた。雪国で育ち、スキーを靴のように操ってきた体がどこかで反応したのかもしれない。4年間、海運業でさまざまな業務をこなしてきた経験もある。高級地、虎ノ門とは思えないビルの一室で、机一つ、椅子二つ、電話一本だけの旅行社を設立した。質素といえばこれ以上ない質素な出発だった。これが俊彦の人生の分岐点になった。

捨てる神あれば、拾う神あり

「フェロー・スキー・ツアー」という社名どおり、この小さな会社はスキー仲間たち、沢山の友人たちの集まる場所になっていった。最初のビジネス・ストラテジーは、アルプス随一のマッターホルンを有するツェルマットのリゾートへの進出だった。

年末年始のスキー客のために、世界でもトップクラスの高級リゾートのホテルの確保に向かうが、日本の大手旅行社が手を焼いているとおり、ハードルは高かった。俊彦はツェルマットにあるすべてのホテルを一軒一軒訪ね歩いたが、ホテルの対応は冷たかった。ツェルマットは四ッ星、五ッ星のホテルが目白押しで、高級ホテルの客は最短でも1週間は滞在する。長いと1ヶ月滞在するのも珍しくなかった。東洋人のような有色人種を相手に、単価の安い新規客など全く相手にする必要がなかったのである。俊彦は「人種の壁を痛烈に思い知らされた」。

年末のブロックなど論外で、「一部屋でも二部屋でもいい。15日間、定価通り全額前金で払うから分けて欲しい」と懇願してもあっさりと断られた。門前払いに近い扱いで、会ってもくれないオーナーもいた。

一応、話を聞いて「部屋が空いたら連絡するよ」と返答してくれたものの連絡が来たことはなかった。ツェルマット、マッターホルン、五ッ星モンセルバンでは、オーナーのところに行くまでもなく、雇われ支配人にも断られた。最悪の応対はホテルルペレンのオーナーで、「日本人はいらない！」と面と向かって言われた。俊彦は悔しさと怒りで腹の底が煮えくりかえった。落胆して落ち込んだ俊彦が向かったのは、カワセツーリストに勤めていた時代から付き合いのあった三ツ星ホテル「チュッゲ」のおばちゃんオーナーだった。

足取り重く帰ってきた俊彦を、おばちゃんは満面の笑みで迎え、「おやおや、元気がないみたいだけど、何か困ったことでもあるの」と優しく聞いてくれた。年末の部屋が取れなくて苦労していると話すと、「そうかい、わかった。やってみる」と言ってくれた。しばらくして連絡があり、おばちゃんはクリスマスから正月シーズンに5ツィンをブロックしてくれた。もちろん15日間のギャランティが条件だったが、俊彦は「助かった、捨てる神あれば、拾う神あり」と小躍りして喜んだ。

30年以上にわたって築いてきた人間関係

翌年からも少しずつ部屋の割り当てを増やしてくれた。日本も1980年には自動車、鉄鋼生産が世界一になり、景気の上向きとともに海外スキー客もだんだんと増加の一途をたどっていった。おばちゃんの「チュッゲ」だけでは到底客のニーズに対応できない。それどころか、日本のスキー旅行社としての信用すら失くす心配が出てきた。この時もおばちゃんに助けられた。近くのスネガ地域の三ツ星ホテル「ホリディ」のマダムレインボーを紹介してくれ、危機をまたしても乗り切ることができた。

ところが、翌年再契約を頼みに行くと、初年度の価格と違う高値を提示された。俊彦はマダムレインボーと膝詰め談判をした。「初めの条件、価格はこれだから」と主張し、これしか払っていないと書類をみせると、マダムレインボーは可愛いくりくり目玉で「アッハー、ソウデスカ！それはマダムチュッゲが差額を足して、全額今年と同じ条件で昨年私に支払ってくれたのよ」と言った。思いがけない事実を知らされて俊彦は絶句した。

「チュッゲ」のおばちゃんは、資金繰りに苦労しながらもこの美しいツェルマットに日本のスキー客を連れてきたいという俊彦の熱意ある姿勢に共感してくれたのにちがいない。感謝の念で目頭が熱くなるのを覚え、「この恩は一生忘れてはならない、この人のことを死ぬまで忘れてはいけない」と心の中で何度も呟いた。

筆者も38年後の2014年に田中俊彦とツェルマットを訪れる機会に恵まれたが、その年に「チュッゲ」のおばちゃんは帰らぬ人となっていた。忙しい日程の中、早朝の朝もやのなかを、花束を手にした彼が一人さびしそうにロッジを離れ、町外れの墓地へ向かって歩いていく姿を見た。

かつて日本人客は、レストランで音を立ててスープやスパゲッティを食べるといって、大きな衝立で隔離された。抗議すると、「音を出して食事をする民族は迷惑だ、衝立が嫌ならすぐ出ていけ」と屈辱的な言葉を投げかけられた。

そうしたなかで、「フェロー・スキー・ツアー」は30年以上にわたって人間関係を築いてきた。

今日では、スイス、フランス、イタリアはもとより、アメリカ、カナダ、ニュージーランド、南アメリカのアンデスの山々、さらに韓国、中国まで出かけている。またスキーシーズン以外の夏には、サイクリング、ハイキング、登山などを事業化させ、多角経営に乗り出している。

２００８年、俊彦は社長の椅子を譲り会長となったが、旅行業界、そして日本の将来を心配し、母校を気遣い、旅行鞄を伴侶に忙しい日々を過ごしている。


【論評】


世界の激動の航空機業界、ホテルビジネス、その中で旅行社ビジネスは航空券の発券だけでは生き残れなくなり、倒産、廃業、吸収合併が続く中で、増収増益を継続してきた田中俊彦の手腕は高く評価できる。

旅行業界の人達は、皆口をそろえて特殊なニッチ分野でナンバーワンになる事だと、簡単にコメントするが、いざどのようなジャンルで信頼のあるツァー・コンダクターを育てていくか、ということが現実問題としてのしかかる。特に伝統のある欧州へのツァーは、今日「爆買」と皮肉な表現で隣国のツーリスト現象を表現しているようなことが、40年前にもそのままあったという。

そのような環境の下で、田中俊彦の義理人情に篤い性格と、スキーヤーとしてのスポーツマン精神とがチュッゲおばさんの心を開かせた。人種、文化、習慣を乗り越えて、世界のスキー、ハイキング、そしてサイクリング分野までトップシェアを誇る旅行社としての評価は高い。

4

重光孝治

中国一のラーメンチェーンを展開

香港に海外進出一号店をオープン

重光孝治は日本に100店近く、世界にフランチャイズ店を含めて700店舗を超す大ラーメンチェーン「味千ラーメン」（重光産業）の創業者である。アメリカのビジネス誌「Business week」に、アジア急成長企業トップ100社として紹介されたこともある。ラーメン店として、もっとも多店舗を有し、国際的にもっとも有名なレストランチェーンである。

中国では、別法人組織ではあるが、ベンチャー企業との提携で500店を超すフランチャイズ店を有し、マクドナルド、ケンタッキー・フライドチキンに次ぐ規模の成長で、大都市へ行くと必ず見かけることができるまでになった。アサリラーメン、味千海老ラーメンなどのシーフードのトッピングをのせたラーメンに人気があり、和食居酒屋のようなメニューも豊富で焼き鳥、串カツ、とんかつなどを食べた後に締めのラーメンという感じで食され喜ばれている。店の入り口には、孝治の長女で現在の代表取締役副社長・重光悦枝をモデルにした「チィちゃん人形」という等身大に近い人形が飾られている。娘に恥をかかせないような味のラーメンを世界に紹介する、という孝治の決意の表われだと聞いたことがある。

店頭に飾られた「チィちゃん人形」

1996年に、香港に海外進出一号店をオープンして以来、現在では、シンガポール、タイ、マレーシア、ベトナム、フィリピン、インドネシア、といったアジア圏のみならず、アメリカ、カナダ、オーストラリアにも出店を果たした。筆者も旅行の途中に立ち寄り、好奇心でいろいろと食べてみた。ニューヨーク店では、ウナギラーメン、それに加えて握り寿司も一緒に注文できる。これは食文化圏の拡大であると賞賛したい。

10年近い昔、ニューヨークのフレンチの有名店が握り鮨をアペタイザーに、高級和食チェーン「Nobu」が和食の前菜として、スペイン系の魚料理、セビッチェを出して評判になったが、今では日本食は完全に誰でも食べられる、グローバルなものに成長したようだ。

もう一つ成功の理由は、二代目社長・重光克昭が経営の中心として運営してきたフランチャイズ方式で、驚くなかれ、ロイヤリティは日本は月額15000円、中国は50000円と常識破りの金額である。これこそ味千発展の秘密であり原動力になっている。

「ロイヤリティで利益を得ようとすると、必ず、どうやってロイヤリティをごまかすかという腐心がうまれる。売上金額をごまかすことに心を砕き、どんどん店を増やし、売上げをあげることに注力しなくなる。味千の本体は最小の自営店と〝麺とスープ〟の本業で儲けさせていただく」というポリシーを貫いている。

1000店の店を開くのが目標

孝治は、まだ日本の統治下にあった台湾の高雄で生れた。日本と台湾、二つの国の文化を併せ持つ気骨のある大正人である。最初の結婚は学生時代、その後、戦後の大変な時期を乗り切り、日本経済が復興、高度成長期に入る40歳の時に最愛の彰子夫人と二度目の結婚をする。

しかしその後、苦労を重ねて経営してきた製麺会社が倒産、二人の前途に暗雲が立ち込める。生活の糧を得るために、共同経営者でもある彰子夫人と二人三脚で、熊本市の水前寺公園に近いところに、わずか7坪8席のラーメン店をオープンした。

　重光孝治オーナーシェフが生まれた戦前の台湾は、海を渡った中国福建省の福建料理の兄弟食文化に恵まれた。その上、今日でも「食道楽」の街として有名な台湾南部で育ち、戦後は中国北方の料理人が入ってきたことにより、餃子、麵類という「粉料理文化」と、四川を代表とする唐辛子の調味料を使った「激辛文化」が盛んになる。孝治は、繊細な和食文化をミックスすることにより、ラーメンと餃子の味に独得の磨きをかけた。

　開店と同時に長い列ができる繁盛ぶりであったが、もっと多くの人に自分の作るラーメンを食べてもらいたい、というのが孝治の夢だった。中国や台湾の人たちにも味わってもらうには100店ぐらいは店をもたなければと「味千」と名づけ、「重光味千店」を心ひそかに目標とした。外に向かってPRする器用さはなかったが、妻と三人の子供には常にこの夢を話して聞かせた。おやじ社長の人生の夢だった。ラーメンは美味しくて栄養価が高く、安価でだれでも食べられるものなので、家族みんなで来て笑顔で帰れるようにと切に願った。

　創業10年のころから現在に至るまで、毎月22日を「味千感謝デー」（夫婦・家族で仲良くフーフーと熱々ラーメンを食べてお互いに感謝しましょうの日）として、オーナー社長の重光克昭が熊本水前寺にあるオリジナル店の調理場に立って自らラーメンを作り、感謝価格でふるまっている。

【論評】

重光孝治の名前を知る人は、地元以外にはあまりいないだろう。しかし、今日の日本式ラーメンの普及に彼は忘れてはならない貢献をした。日本統治下の台湾に生まれ、日本での製麺業の倒産、小さな店舗からの再起、中国、アメリカはもとよりアジア一帯にフランチャイズ店をもつまでに至る波乱万丈の人生だった。「夢と志」をこれほど強く持ちつづけた人物は、アントレプレナーのなかでもそう多くはいないだろう。味千ラーメンチェーンは、中国の500店の実績の上に、文字通り1000店のターゲットの実現が見えてきた。

日本と台湾という二つの文化のルーツを持つ強運の人物といえるが、思い切った破格のフランチャイズ契約料でラーメン産業の発展に大きく貢献したキャリア評価点は高い。

5

小滝秀明

レアメタルで大手の隙間企業

大学でESSに所属して英語力に磨きをかける

小滝秀明は佐賀県吉野ヶ里に1959（昭和34）年に生まれる。父は日本郵船の船員で1年の11ヶ月は航海に出ており、帰国の際に珍しい外国の食べ物や珍しい玩具、子供服などのお土産を持って帰ってくれた。秀明には、外国はまるでお伽の国のように思えた。いつの日か自分もまだ見ぬ外国へ行ってみたい。そうした夢がだんだんと膨らんで来て、小学生から英語塾で勉強を始めるようになった。

猛烈に勉強して高校は県下でトップクラスの学校を目指すが、残念にも目的は果たせず、二次募集でミッションスクールの神戸国際大学付属高校に落ち着いた。

「人間万事塞翁が馬」の格言通り、この学校で英語を徹底的に勉強する機会に恵まれた。尊敬する青山学院大学出身の先生に英語検定の相談をすると、ＥＳＳ（英語研究部）に歓誘されてしまった。先生はＥＳＳの顧問だった。しかしこの偶然の出会いが、秀明の英語力を磨くことになった。そして、全国のＥＳＳのスピーチ、ディベートコンテストで圧倒的な評判をもつ明治学院大学に入学することになった。

秀明は大学でもＥＳＳに所属して英語力にますます磨きをかけ、スピーチ、ディスカッション、ディベートと練習を重ねてＥＳＳの部長に就任した。英語を勉強する部活動といっても、百数十人を数える団体の組織運営には組織力や経営力が求められる。ここでの経験が、後に大会社で働き、さらに自分で起業した時にどれほど役に立ったかは計り知れない。

大学卒業後は、日立製作所傘下の日立ハイテクノロジーズの輸出部門に入社。ＥＳＳで鍛えた英語力で、鉄鋼、合成樹脂、化学品の輸出、中国からレアアースを輸入する業務に携わる。中国の山奥を駆け回り、馬車馬のように働きづめの毎日だった。そして遂に急性肝炎になり長期入院に追い込まれる。ところが、この入院が思いがけない方向に彼の人生の駒を動かすことになった。

日本から製造機械を輸出する会社を設立

１９９３年にロンドン支店に転勤、責任者として実績をあげたが99年に帰国命令が出る。海外で思う存分働きたいという志半ばで日本に帰るのは後ろ髪をひかれる思いで、悶々とする日々が続いた。また、子供の教育のことを考えると、もう少しロンドンに残って仕事をしたい。いろいろと悩み考えた結果、日本から製造機械を輸出して海外展開するという今までの仕事を自分で起業しよう、そう決心した。

起業してからの日々の生活は今までと180度変わった。大会社の傘の下でやるのと違い、キャッシュフローの重みと従業員の給与の支払いで、初めて経験する苦労の連続だった。だが幸いにも、奈穂子夫人が経営パートナーとして、厳しい独立後のキャッシュフローを切り回して、財務、人事に目を光らせて会社を軌道に乗せてくれ、1プラス1＝3の結果を出すことができた。これは、松下幸之助が22歳で創業した時に、肺尖カタルで血を吐きながらも共同経営者・むめの夫人に助けられ、「二股プラグ」「砲弾型自転車ランプ」「国民アイロン」というヒット商品を世に生み出したというエピソードを筆者に思い起こさせた。

共存共栄をベースに業界トップの信用を築く

「人生は見えない糸によって操られている」といわれるが、秀明が再びレアアースに巡り合ったのは、尖閣列島沖で中国漁船と海上保安庁の船との衝突事件が発生した逆風の中での事だった。

かつての日立ハイテクノロジーズでの業務は、上海から55時間汽車に乗り、さらに車で5時間

取引先の中国の晨光稀土にて（中央）

走り、1時間打ち合わせをしてまた同じ行程を帰る、というハードワークだった。その時、同じ釜の飯をともに食った中国人の仲間を信じて、秀明は起業してからも「共に井戸を掘った」朋友《ポンヨウ》とすべて相対《あいたい》だけで取引を決めるという鉄の人間関係を築くことができた。過去の経験だけでなく、中国の大人を思い浮かばせる秀明の風貌と、相手を裏切らない義理堅い姿勢も与って力があったにちがいない。

　こうして、自分の持つ情報に磨きをかけ、ニーズに対して敏感に誠実に答えることをモットーに、共存共栄をベースにして業界トップの信用を築いた。

　現在、為替環境の乱気流の中、レアアースの生産は低迷している。過剰在庫を抱える事業家たちの中にあって、「危機は危険と機会（チャンス）」と信じて、秀明は夫人の奈穂子専務と難しい舵取りに挑んでいる。「レア（希土）の希は希望の希」、希望の土にどんな花を咲かせるかは心がけ次第と信じて、損得に終始せず必要としてくれる顧客のため、ひいては人類のために生涯をかけるのだと二人は念じ続けている。「徳は事業の基なり」を信念に、今日も世界中を駆け巡っている。

秀明の祖父は明治時代のフロンティアで、米国貨物船に忍び込んで密航し、カリフォルニアに移民をした。カリフォルニアへ渡った者には漁師が多いという調査結果があるが、漁師たちもカリフォルニアの豊かな土壌と天候に触れ、安定した収入のある農業へと鞍替えして行ったという。秀明の祖父も小規模の野菜店を経営するまでになったというから、秀明にも勇猛果敢なフロンティア・スピリットのＤＮＡが残っていたようである。

【論評】

小滝秀明は他に類例のない、グローバルに活躍するために生まれてきたようなＤＮＡの持ち主である。「夢と志」は、はっきりと海外を目標として、英語の習得に努力を重ねてきた。大手の日立製作所傘下の会社に入社するが、急性肝炎にかかり長期入院という不幸に見舞われる。しかし大病を克服し、凶を吉、不幸を幸運に変えた。

ロンドン駐在の後、１９９９年に現地でマテリアル・トレイディング・カンパニーを起業した際に、彼を助けてくれたのは、病気の元凶と思った中国でのレアアースのビジネス経験から得たネットワークだった。さらにこの成功を決定的に固めてくれたのは夫人のアシスタントで、二人三脚の歩みも大きなキャリア評価点である。

なによりも彼の育った環境が、自然とグローバルな方向へと彼を導いたのだろう。今日、このポジションで仕事をしているのは、「天命」と言っても過言ではないだろう。

6

ロッキー青木

世界一の鉄板焼きステーキレストラン

マンハッタンでアイスクリーム屋を開店

ロッキー青木、本名・青木廣彰《ひろあき》は、1938（昭和13）年10月9日東京に生まれる。慶應大学経済学部のレスリング部に所属し、日本選抜で米国遠征に参加した。1950年代の輝かしい発展を遂げている世界ナンバーワンのアメリカに青木は驚嘆する。レスリングを通してすぐに友達になれるアメリカ人の自由闊達な態度に青木は魅力を感じ、「こういう国でもっといろんな経験をし、沢山の友人を作って自分の能力を試してみたい」という強い衝動に駆られた。彼はニューヨーク州立大学シティカレッジ（CCNY）に入学し、レストラン経営学を専攻する。

1960年のローマオリンピックは、残念ながら日本レスリングチーム補欠選手となり出場は叶わなかったが、いつまでもくよくよすることなく、ニューヨークで起業することを決意し、マンハッタンのハーレムでアイスクリーム屋を開店する。

元来、機知に富んだ性格なので、アイスクリームに和傘のミニチュアを添えることを思いつく。このアイデアが当たり、たちまち客の評判になった。

「アメリカは素晴らしい国だ。工夫と努力さえすれば認めてくれる！」

もう少し安定した収入を、継続的に、かつ大規模に伸ばす方法はないかと青木は模索した。せっかく大学で勉強したのだからレストラン経営をやってみたいと思い、一時帰国する。東京オリンピックで湧く日本橋、銀座で成功している両親の経営する洋食店「紅花」から何かアイデアを得ようと考えたのだ。

おまえは俺たちの食生活をまるでわかっていない！

日本の食文化で、アメリカになく、アメリカの食事に似たものは何かないか、と青木は思案を巡らせた。思いついたのは「お好み焼き」だった。お好み焼きは、アメリカ庶民の大好きなイタリアから来たピッツァによく似ている。牛肉、豚肉、鶏肉、エビ、イカ、いろいろな種類が使える点でも、好みのはっきりしているアメリカ人に対応が可能である。

そのうえ作り方も簡単なので、客が自分で作ることができ、人件費も大幅に抑えることができる。レストラン経営学を勉強した際に、アメリカの人件費の高さに驚くとともに、経営のうまみは「いかに人件費を抑えるか」というところにあると強く思った。

早速東京からニューヨークに鉄板焼きセットを送ってもらうと、すぐに気の置けない友人を家に呼んで、試食会を開いた。狭いアパートに鉄板焼きの調理器をセットして材料を並べ、友人が家に来るのをワクワクしながら待った。訪問してくれた友人たちに初めてお好み焼きを食べてもらった。お好み焼きを口に持っていく友人たちは、何か異様なものを口に入れたという顔つきをしたが、しかしすぐに笑顔になって「グッド」「エクセレント」と褒めてくれた。

その日のパーティは、ワイン、ビールを飲みながら和やかに終わった。青木はすぐに東京へ鉄板焼きの調理器具を数台発注した。届くまでの間に予算を算定し、キャッシュフローを考えて店の選定をし、当時比較的安いクイーンズ区にリース契約をした。

いよいよ開店の日が来た。材料をたくさん買い込んで客が来るのを待ったが、出足は悪い。散々な初日だった。ところが翌日も翌々日も同じような結果に終わった。しばらく続けてみたが、赤字がかさむ。「これでは駄目だ」と、だんだんと焦りが大きくなってきた。最初に試食会に招いた親しい数人に相談をしてみた。

「君たちは私の作ったお好み焼きをおいしいおいしいと食べてくれた。それなのにレストランを開業すると客はあまり来ないし、さほど感激している様子もない。なぜなんだろう。理由がわからない」と訴えた。

「ロッキー、招待されて食べるものに、うまくないと言えないだろう？　ピッツァに似ていると言うが、ピッツァのだいじなところは、薄くて生地がパリッとクリスピィなところだ」。そして追い討ちをかけるように「あの食べ物は生焼けのピッツァに肉をケチくさく少し載せただけだ。おまえは俺たちの食生活をまるでわかっていない！　大半のアメリカ人の好みはステーキ、ビーフだぜ。"Where is beef ?" 子供は安いチキンだがね」とジェスチャーを加えて力説した。

他の友達からは「ユダヤ人の多くは、イカとかタコのような鱗のない魚を食べられないって知ってるかい」と言われた。言われてみると納得することばかりだった。

それとあとで気づいたことだが、クイーンズに位置する店はあまりにも人通りや交通量が少ない。こういう場所にある東洋の見も知らない食べ物に興味を示すことは難しい、と自分でも納得せざるを得なかった。

日本発の大レストランチェーンの誕生

心機一転、鉄板焼きレストラン「BENIHANA OF TOKYO」をマンハッタン西56丁目に開店した。芸能界でタレントとして活躍した父・青木湯之介の提案で、鉄板の料理人の salt and pepper でジャグリング、お客へのジョークも含めて食事を楽しんでもらうパフォーマンスを取り入れた。そして1時間以内にすべての食事を終るようにした。これによってディナータイムで

アメリカの雑誌「Newsweek」の表紙に取り上げられた

も客が4回転以上することも可能になった。「New York Tribune」（現在の「NY Times」）が取り上げ、評判が評判を呼び、多数のマスコミに取材されて店は大繁盛となった。

　こうしてのちに世界に100店を超える、初めての日本発の大レストランチェーンが誕生した。レストランのおやじから、世界の大実業家となったロッキーは、日本の古民家を移築して、日本の文化を広めるとともに様々な慈善活動にも貢献している。

　本人も大の冒険家で、パワーモーターボートの世界大会への挑戦、世界初の熱気球による太平洋横断等々、世間を驚かす事をやってのけた。何よりも大きな貢献は、何もなくても世界で大きな仕事ができるということを証明してくれたことである。

　ロッキーが他界する数ヶ月前に、筆者は聖路加国際病院理事長・名誉院長の日野原重明先生のパーティで会った。「俺は思ったことを何でもやり、満足した人生を送ることができた。思い残すことはない」という彼の言葉が今でも脳裏を離れることはない。

【論評】

ロッキー青木ほど夢多き人には、いままで出会ったことがない。会うたびに、いつも〝冒険〟の話が出てきた。冒険に向かう心がビジネスへの闘志と投資につながったのだろう。数々の冒険が多くの友人を作り、それによって的確にビジネスの方向修正がなされ、現地にマッチしたレストランを生み出した。

劇場型のレストランにアトラクション、同じテーブルの他人同士が最後には家族的な雰囲気で食事を終る、という今までにないクリエイティブな文化を作り出した。

また、一時間余りの決まったプログラムの中で、同じテーブルの客が同時に気分を害さないように入れ替わるという、最大のキャッシュフロー経営効率を生み出したビジネス手腕は高く評価できる。

7

藤森二郎

フランス政府認定のパンと菓子のトップ職人

バンクーバーのホームステイでパン作り

藤森二郎は、1956（昭和31）年9月10日、東京・目黒に生まれた。大正生まれの父親は太平洋戦争で出征し、シベリアに抑留される。1949年にようやくソ連から帰国後、神田の酒屋から嫁いできた母親と物資の乏しいなかで食料品店を始めた。

子供の時の二郎の思い出は、倉庫にうずたかく積み上げられた酒箱の間でかくれんぼをして、よく父親から叱られたことだった。母親は新しいもの好きで、食卓によくパンが出たし、コーヒーも飲ませてくれた。今から考えると、この時に体に浸みついた経験が今日の自分を支えてくれているような気がする。

16歳の時に海外に行くことを夢見て、カナダのバンクーバーにホームステイをさせてもらった。体中にエネルギーが蓄積し、なんでもいいから早く日本から脱出してみたいという気持ちでいっぱいだった。世話になったのは、両親ともイギリスから来た移民の家庭で、とにかくパンを焼くのが好きで、食パンだけでなく、イングリッシュ・マフィン、スコーンクッキー、パウンドケーキなどを作ってくれた。

毎日、学校から帰って玄関のドアを開けた時のイーストの香りと、パンの焼けた匂いが今でも忘れられない。驚いたことに、お父さんはエプロンをつけてキッチンに立ち、バターをホイップしたり、顔中粉だらけになりながら一生懸命マフィンやスコーンの生地を作っていた。二郎にもパンの作り方を指導してくれた。二郎に自由に小麦粉を練らせて、うまくいくと、「グレイト！」と誉めてくれた。

そして、最後までやり上げた後、ワンポイント・アドバイスをしてくれた。日本での怒られながら物事を学んできた習慣と比べて、不思議とやる気が起きた。二郎は、大事なのはバターや生クリーム、卵をレシピ通りの分量で混ぜて作ることではなく、混ぜるタイミングや時間が微妙にパンやケーキの出来ばえを左右するということを、お父さんと一緒に作ることによって体得した。後にパン職人になった時、おいしいパン作りのコツは材料の質や量だけでなく、パン酵母との対話による「こねる」「ねかす」「焼く」のタイミングと、それぞれにかける時間の微妙な按配である、とかつての記憶がよみがえった。

「ビゴの店」にアポなしで飛び込む

ホームステイから帰国した二郎は、自分がいっぱしのパン職人になったような気持ちで、高校の友達、特に女の子たちに手製のパンやクッキー、ケーキを振る舞ってみたい衝動に強く駆られた。帰国してからは大学受験の忙しい毎日が続いたが、カナダでのんびりした時間を過ごしたので、あまり思い悩むことはなかった。目黒の家から近いところにある、美しいキャンパスと女の子たちが華やかに通っている明治学院大学に自然と足が向いた。

１９７５年に、明治学院大学の法学部に入学し、落語研究会に所属した二郎は、そこで将来の伴侶でありビジネスの相談相手ともなる智子と出会う。やがて卒業を迎えたが、二郎は大企業に就職するつもりはなかった。両親のビジネスの延長線上にある食品関係の仕事を選び、ケーキ店「モンシェリー」の横浜洋光台店に勤務する。そして、カナダでホームステイした時のパン焼きの魅力を思い出し、パン作りの専門学校にも通った。たまたまテレビで見た料理番組で、フランスパンで有名な神戸の「ビゴの店」が紹介された。いてもたってもいられなくなった二郎は、大学の第二外国語で学んだフランス語も助けになり、紹介状も持たず芦屋にあるビゴの本社を訪ねた。

社長のフィリップ・ビゴは、突然飛び込んできた若者の本意が測り切れず、三日間のあいだ０

Kを出そうとはしなかった。3日目にはさすがのビゴも粘り負けし、二郎は憧れのビゴの料理服を身に着けることができた。パン作りの修行は思ったよりも厳しかった。自分より若い先輩弟子に混じり、夜の10時からパンの仕込み、それが終わると束の間の睡眠をとり、朝の4時からケーキを焼き始める。毎日睡眠不足に悩まされヘトヘトの日が続いた。

3年半が経ち、これがもう限界かと思った時に、ビゴからウェディングケーキを作るように言われた。一人前に成長したかどうかを試すテストのようなものだった。

ビゴに独立を勧められる

その頃から、バゲットを始めとして徐々にパン作りをさせてくれるようになった。ちょうどその頃、ダイエーのCEO、中内㓛より直接声がかかり、二郎は東京のプランタン銀座の地下の店に責任者として出向するチャンスを得た。ビゴは西洋式に責任者には株を持たせ、パートナーとして二郎を取締役の地位につけてくれた。部下も12、3人と重い責任を負わされる。その上、客のクレームに神経がバラバラになる感じがした。

「お前のところには、あんパンもクリームパンもメロンパンもカレーパンもないのか」とからかわれた。落ち込んでいた二郎に、銀座に三ツ星レストランを持つオーナーシェフが「フランス人の気質と特長のあるパンを自信を持って作ればいい」と力強く叱咤激励してくれた。

フランスパンの代表であるバゲット、クロワッサンはフランス製の香りの高い発酵バターを惜しみなく使う。店に来る客の質が高くなり、販売もそれに応じて急増してきた。ビゴはその様子を見たかのように、のれん分けをして独立することを勧めてきた。銀座の店がやっと軌道に乗ったところで、2つの店をマネージメントできるかどうか不安もあったが、独立するとロイヤリティの問題は残るが、売れれば売れるほど自分の実入りも大きくなる。実質的な社長・CEOになるチャンスでもある。二郎は悩みに悩みぬいた結果、独立することを決意した。そして、藤森社長率いるビゴ鷺沼店を基幹店として、田園調布、横浜、玉川高島屋、鎌倉雪ノ下と矢継ぎ早に5店を有する、ビゴに負けないパン屋、ビゴ東京を開店するに至った。

鷺沼：「ビゴの店」鷺沼
玉川田園調布：エスプリ・ド・ビゴ（精神）
港南台高島屋：トントン・ビゴ（おじいちゃん）
玉川高島屋SC：オ・プティ・フリアンディーズ（小さな甘いお菓子たち）
鎌倉雪ノ下：モン・ペシェ・ミニョン（私の可愛いわがまま）

従業員もパートを入れると50人を超え、本家フランスを超えるフランスパン作りに、ますます張り切っている。まさに「King of French Bread」だねとお世辞を言うと、フランスでは士農工商の次がパン職人です、と笑って応えた。「おいしい、おいしい」と食べていただけると一番うれしいという謙虚な姿勢に、彼のパン作りの成功の秘訣を見出した気がする。

【論評】

藤森二郎は法学部卒業の経歴を持ちながらパン焼き職人に憧れ、この分野に飛び込んだ。彼のキャリアには、戦後4年間もロシアに抑留されていた父親と、新しいもの好きの母親のDNAが息づいている。

16歳の時のカナダへのホームステイで、イングリッシュ・マフィン、スコーン、パウンドケーキ作りに興味を持ち、パン作りのコツをアッという間に会得した。帰国して高校の友達、特に女の子たちにクッキーを作って持っていくと喜ばれ、その嬉しそうな顔を見て法学部卒業のキャリアを捨ててしまった。早々のキャリアEXITであった。

この勇気ある決断が、フランス政府から農事功労章、シュヴァリエの授賞につながった。文字通りフランスパンと菓子のトップ職人の認証を得ることになった。

8

山本 徹

アメリカの旅行会社から平和活動へ

ニューヨークのビジネススクールを首席で卒業する

山本徹は1958（昭和33）年7月14日、神奈川県大磯の閑静な住宅街の中でもひときわ目立つ洋館で産声をあげた。祖父正見《まさみ》はハワイに移住し、ニューヨークで数々の事業に取り組み、成功をおさめた。戦後の米ドル・オールマイティの追い風をベースに、日本で初めて、アメリカ・日本パッケージツアー観光を企画し、戦後の混沌とした社会の中で、民間文化交流のはしりとなった。

戦後の激動期、ニューヨークの祖父の事業の成功により、山本家には当時の一般家庭では目にすることのない大型電気洗濯機があった。それは中古のコインランドリーで、アメリカのコインを使っての洗濯は珍しく、近所の子供たちがよく見物に来ていた。パーカーの万年筆も机の上に無造作に転がっていたが、子供の徹には無用の長物で、それよりも祖父のハワイ土産のキャンディでつくったレイの甘美な香りに彼はうっとりとした。祖父がニューヨークから帰ると、食卓には普段とは打って変わって、キングサイズのステーキが鎮座した。

こうした環境で育った徹は、自然とアメリカナイズされ、外国人の先生の多い青山学院大学に進学した。英語に磨きをかけ、81年、卒業と同時に祖父の設立した旅行社「ニューヨークトラベル」に就職するためにニューヨークに渡る。厳格な祖父は、徹をビジネススクールに入れて鍛えた。彼も祖父の期待に応えて首席で卒業する。

サラリーマン一年生となった徹は、ハドソン川を越えて「川向う」と呼ばれるマンハッタンの商社、銀行以外の様々なメーカーに御用聞きに駆け巡る、地道で泥臭い営業活動に専心した。厳しい価格と条件を提示される無理難題の洗礼も受けた。ランチをご馳走するというのでついて行くと、会社のカフェテリアでガッカリすることも度々あった。関西から来たP社には、何回も会社訪問をかけて顔見知りになると、文字通り浪花節の兄弟の関係ができ、細かくて面倒で利幅の少ない商談がぽつぽつとまとまっていった。後になって、自分にとっては面倒で利益のない商売でも、相手には満足を与えていたことも分かってきた。

ディーラーの日本ツアーで商売心得を会得する

ある時、P社で一番小さい部門の課長から、ディーラーの日本ツアーを「見積もってんか」という大きな仕事がまわってきた。ディーラーは10名足らずだが、飛行機は全員ビジネスクラス、日本滞在中はホテルニューオータニ、大阪ロイヤルホテル（現・リーガロイヤルホテル）、京都都ホテル（現・ウェスティン都ホテル京都）と超一流のプレミアムツアーで、初戦を飾るにふさわしいと徹は小躍りして喜んだ。

ところがいざホテルの予約を押さえにかかると、驚くことにこれらのホテルは会社との間に特別レートがあり、旅行社以上のコーポレート価格（会社間での取り決め料金）があり、旅行社コミッションは雀の涙にもならなかった。しかし徹は腹を決めてとことん付き合うことにした。生まれて初めて夜中過ぎまでP社のお客の世話をすると、お客もだんだんと心を開いてくれ、出身とか履歴とかを話してくれるようになり、ツアーの最後には個々の儲けを超えて得難い人間関係ができた。「そうか、あの課長が常々『松下幸之助は物を売る前に人を売る』と言っていたのはこのことか」と納得し、商売心得第一条を会得できたような気がした。

このディーラーの日本ツアーの後、電池セールス部門の総務営業課長に呼ばれて、いつものカフェテリアでランチを勧められた。仕事をやり遂げた達成感からランチも美味に感じられた。

「山本君、今回のディーラーツァーは、大した儲けにもならんのによう気張ってくれた。これからは、全電池部門30名近くの社員全員の日常のチケット発券と、場合によってはホテルもまかすよ」

と彼は言った。それに付け加えて、「今は東急トラベルが入ってるので、公式旅行社として堂々と競争してシェアをあげていってくれ」と、2社購買の関西人らしいがめつい条件がついた。「こうなったらやるしかない」。ノックダウンさせるまで戦う覚悟ができて、返ってすがすがしい気持ちで競争心が湧いた。

徹は、東急トラベルのベテラン社員を向こうにまわし、とことんサービス営業に徹した。この時の経験と実績が、あとあとどれほど自信となったか、徹は振り返る。

80年代は日本がバブル経済の絶頂へと向かう。日本からニューヨークに来る旅行者のほとんどが、男性はブランド物のネクタイから靴、ジャケット、コート、女性はハンドバック、スカーフ、こまごましたお土産品を買い求めてくれた。アパレル関係は日本人に合ったサイズを用意してあるために、日本語で買い物ができる気安さで手軽に買い物ができた。徹が社長を務める直轄部門の一人当たりの客単価はうなぎ上りになった。

100人もいた社員が10人に

この頃より、徹は兄の雅信のアドバイスを受け、もっと組織的により長く続く商売を考える。兄は口癖のように、“Show me the money”と実績を出すことを求め、「考えるよりアクション、失敗したらやり直せ」と強く叱咤した。徹は「ニューヨークトラベル」のパーティ業（TMC Planning）を始めた。

当時、70行を数える銀行が次々と支店の昇格を目指していた。言葉、習慣の違う外国、特に人種問題が頻繁にもめごとになるニューヨークでは、すべての事を相談できるコンサルティング会社が求められた。支店の事務所探し、家具の準備、人員の採用、インビテーションリストの作成・発送、英文カードの作成・プリント・発送・データ管理、ホテルの紹介・交渉とＴＭＣの業務は多岐にわたった。

花、コンパニオン、音楽、写真、ビデオ、食事のメニュー、これらをすべて手配することによって、旅行、出張チケット、日本への里帰りチケットの手配、さらにビザ、グリーンカード申請、延長手配、とまさに〝地獄網〟（一網打尽に捕獲する漁法）のごとき商法で大きな成功をおさめた。

徹の会社は向かうところ敵なしで、日本のバブルと共に急速に成長するが、バブル崩壊が起こると同時にそのツケが重くのしかかってきた。

銀行は縮小、閉鎖、倒産、とあっという間に10行近くに減少してしまう。膨れ上がった「ニューヨークトラベル」のオペレーションは、キャッシュフローの大きな重圧にあっという間に押しつぶされた。ピーク時には100億円の売り上げと、100人もの社員がいたが、彼らもてんでバラバラ、中にはどさくさに紛れて持ち逃げする社員すらいた。

最大の出来事は、パートナーでメンターの兄が急逝したことだった。泣きっ面に蜂とはこのことで、手塩に育てたリサーチ情報会社、ファッション系3社、貿易会社等々も相次いで処分することになる。徹の頭の中は真っ白になり、これから自分の進む道が見えなくなってしまった。頭を悩ましたのは、旅行社の社員をどうして救うかということで、5番街に近い高級オフィスから、8番街と40丁目にある小さな事務所に移転して、トラベルを中心に本業に徹して生き残りを図った。社員は10人足らずとなった。

非営利団体KFTFを設立して戦争の悲惨さを訴える

この時に、降って湧いたように遭遇したのが、1983年に岡山県倉敷市で始まった草の根反核運動「10フィート運動」で、この運動の創立者のひとりが徹の義母だったこともあって、運動を引き継ぐ形になった。

「10フィート運動」とは、米国立公文書館などに眠っていた原爆被害を記録したカラーフィルムを、市民のカンパで10フィート単位（3000円）で9万フィート買い戻した草の根運動である。この募金で『にんげんをかえせ』『予言』『歴史＝核狂乱の時代』（監督・羽仁進ほか、音楽・武満徹ほか）の3本の記録映画が製作され、国内外で上映された。英語版は女優のジェーン・フォンダがナレーションを務めている。全米の大学をはじめ、これまで、全世界50ヶ国、1億人の人が見たといわれる。

徹は非営利団体KFTF（KIDS FOR THE FUTURE）を設立し、戦争の悲惨さを訴え、次世代をになう子供たちが平和をめざすための支援活動に従事する。徹の母親も広島で原爆に被爆したが、それまでは原爆に対して深く考えていなかったという。しかし、KFTFを始めてから、あらためて原爆の恐ろしさとともに、絶対これ以上原爆による被害者を出してはいけない、そのためには未来をになう子供たちの教育こそ大切である、と悟った。「原爆の恐ろしさを風化させないように」と、長編アニメ映画『NAGASAKI 1945 アンゼラスの鐘』の国連での上映を企画したりもした。

“Show me the money”から第二の人生への切り替えのステージなのか、還暦前の円熟期を迎えたアントレプレナーにこれからも期待を寄せたい。

【論評】

海外で活躍するアントレプレナーたちには共通する体験がある。それは幼い頃に見聞きした外国の文化への憧れである。山本徹も例外ではない。ニューヨークの旅行会社に勤めるが、そこで出会った関西の会社の営業課長によって商売心得を会得したというのが面白い。

この経験を生かして、ニューヨークでの旅行、お土産店、会社設立業務に関する仕事、さらにはファッション、飲食店、リサーチ会社、貿易会社と手を広げ、総額100億円以上の売上げ実績を築くが、リーマンショックのような急激な円高は、短期間に成長した会社を津波のように飲み込んだ。

山本徹はそれまでの経験を生かし、背丈に合った規模で地道にビジネスに取り組むとともに、社会貢献として原爆の恐ろしさを世界に訴える仕事をキャリアとして付け加えた。

9

大谷 登

英会話教材スピードラーニングの開発

「世界人になれ」という言葉を信条に英会話の教材作り

大谷登は、いま日本で一番売れている英会話教材スピードラーニングを制作、販売している会社エスプリラインのトップに立つ人である。

「たった一つの言葉で人は傷つき苦しみ、争いも絶え間なく起きるこの世界、
だけど一つの言葉で分かり合えることもある、手をつなぎあえるなら大きな夢になる
そんな言葉を探すためにここから旅をはじめます、本当の願い見つけたくて新しい時代へ、
たった一つの言葉で人のぬくもり感じて、喜びも悲しみも分かちあえるから、

そんな一つの言葉が心と心つないで、世界が輪になっていく大きな愛になる、
そんな言葉を交わすために出会いの旅をはじめます、本当の願い届けたくて新しい時代へ、
かけがえのない一つひとつの、幸せな未来が生まれていくように、
そんな言葉を交わすために出会いの旅をはじめます、
本当の願い、届けたくて、新しい時代へ」

これはエスプリライン社の社歌だ。「英会話を材料にひと儲けしてやろう」という気持ちでなく、世界に住む人達が同じ言語でコミュニケーションをすることができるようになり、少しでも豊かな国々になれば、世界中が平和になるという夢を志として、色々なビジネスを経験した後に到達した、大谷登の人生のゴールを表現したものである。

キリスト教精神に支えられた、明治学院大学の武藤学院長から学んだ「世界人になれ」という言葉を信条に、ライフワークとして取り組んだ英会話の教材作りは、最初は劣等感と就職を有利にするという動機からであったかもしれない。日本人のすべてが貧乏と飢餓に苦しんだ戦後の混沌とした時代を過ごした体験から、日本だけでなく世界中の人々が同じ言語で結ばれれば、もっと親密に助け合える理想的な世界が実現できるのではないか。その思いが企業理念として、また、精神的なバックボーンとなった。

観光ガイドからコピーライターへ

当時上映されていたアメリカ映画、特にホームドラマに出てくる大きな家、家の何倍もある青々とした芝生の庭、食卓に並ぶ食べたこともないビーフステーキ、大きなケーキ、金髪の子供がおいしそうに飲むフレッシュジュース等々、アメリカに行き、自分も一度はあのような生活にふれてみたいと憧れるようになった。しかし現実の生活は極めて厳しく、1ドル360円の換算レートではアメリカまでの片道切符は1年間の給与全部に近く、高値の花だった。

就職して海外への足掛かりを得ようと、外資系会社を含む50社以上の就職試験を受けるが、ことごとく失敗して、人生に絶望を感じた。そこで、まずインバウンドと呼ばれる海外から日本に来る外国人のための観光ガイドとして契約社員に籍を置き、さらには海外旅行を扱っている会社に転職をする。入社後、イギリスを最初に、欧米への渡航チャンスがおとずれる。その際に、英字新聞に旅行の広告を掲載して募集をかけたり、雑誌広告、ダイレクトメールを繰り返すが、資金力のない身には、せいぜいコンサルタントとして会社と会社しか相手にできなくて、収入は少なく家賃も払えない状況だった。そこで考えたのが通信販売でお客の目を引くコピーライトの仕事だった。

発想がユニークな登のコピーは売れに売れた。その上アイデア勝負のコピービジネスは、資金力もミニマムでよく、キャッシュフローに苦しめられることもなく、信じられないぐらいの収益を得ることになる。この資金をもとに、さらに磨きをかけるために通信販売のメッカであるアメリカ留学を果たすが、ニューヨークの専門学校はレベルが合わず、満足できなくて3日で辞めることになる。

その時に痛感したのは、英語のコミュニケーション力だった。登が最初に英語に関心を持ったのは小学校5年生の時だった。中学校では英語の授業があるので、早く入学して英語の勉強をしたいと思った。だが入学すると、英語は暗記科目だった事に愕然とする。当時は、英単語を憶えるための辞書があり"abandon"という単語を『アー晩だ！ 諦める』というように、駄洒落で覚えるような辞書まであった。

図書館で借りたレコードをダビングして聞き続ける

登の通っていた学校は英語の授業に力を入れていたが、教科書を丸暗記しなければ落第するという厳しいものだった。登は必死に文章を丸暗記したが、暗記した例文はその後一度も使うことはなく、その時覚えた単語もまったくと言っていいほど使うことがなかった。英語の勉強は、いつの間にか受験のための勉強になっていた。

テレビやラジオの英語講座も毎日やり、英会話学校にも通った。当時、英会話学校で習った英語は、学校外のネイティブに話してもまったく通じなかった。ショックをうけて「今までの勉強は何だったのだろう。7年間の時間とお金を返して欲しい」と思った。当時、英語の教材は恐ろしく高価だったので、日比谷図書館に行き英語のレコードを無料で借り、テープにダビングして聞き続けた。部屋にいるときも、夜寝るときも、24時間かけっぱなしにした。1年ほど聞き続けていたら、ある日突然英語が口から出てきた。その時に、英語を話すにはある原則があることがわかった。

最初は持続力。1日5分か10分程、毎日聞き流し、それを3ヶ月間続ける。3ヶ月間、聞くことができると自信につながり、英語が話せるという確信が生まれてくる。そして毎日が楽しくなる。それは、あと何ヶ月したらこのぐらいまでうまくなれるという未来が見えて来るからだ。その勉強方法がスピードラーニングの原型になったと登は振り返る。

スピードラーニングが他の教材と大きく違う点は、スピードラーニングは現地で使われている英語である点だ。いくら正しくても、日本で学んでいる言い方は現地では使われていないものもある。実際に日本にいる英語の先生も、自分の英語をわかってもらいたいので、分かりやすい英語で話す。筆者も経験したことだが、アメリカPanasonicには、〝パナソニック英語〟というものがあり、社内ではほぼ100％、ブロークン・ジャパニーズ・イングリッシュが通じる。驚くことに、日本人の怪しげな英語をきれいな正しい英語に通訳・翻訳する有能なアメリカ人秘書も何人かいた。彼女たちは日本人のよく間違える「否定疑問文」の答え〝Ｙｅｓ〟あるいは〝Ｎｏ〟も見事に正しく訳す。

英語を話すことでもう一つの世界に出会う

ニューヨークに住み始めの頃、登は現地のネイティブの話す英語があまりにも早くて、面食らった。スーパーマーケットで買い物をしたり地下鉄の切符を買ったりする時にはとまどった。登が英語のコミュニケーション力を上げるきっかけとなったのは、アメリカで大学留学経験のある妻、治子との出会いだった。そして子供の誕生、成長とともに、ネイティブの言葉が身近に入り込み、日常生活においても文化の違いを克服し、理解できないこともほとんどなくなった。英語は感覚、感性を使って全体を摑むことが大切だと思った。

英語を話すということはもう一つの世界に出会うことであり、英語が通じた時の喜びは何ものにもかえがたい。登は、その時の感動を会社設立の理念として社歌に刻み込み、企業活動に専念してきた。この目標ができて、その後の人生は全く違ったものになった。

エスプリラインの本社は埼玉県川越市にある。登は古希が近づきつつある今日、自分が生まれ育った川越に対する思いがさらに募ってきた。歴史のある川越を訪れる人たちと、心を通い合わせられるような、絆を作ることを願い、川越を英語の通じる街にする「英語の通じる商店街」プロジェクトを立ち上げた。川越だけでなく、日本の古い街の持っている「絆の文化」を待ち望んでいる所が世界にはたくさんある。アメリカに25年以上も住み続ける登の会社には、現在、アメリカ人を始め世界中の人が働いている。〝ようこそ〟と誰もが歓迎される街。どこの家にも笑顔が絶えない。そんな街のモデルを必ず作るのが登の夢である。
社歌に〝一つの言葉が心と心つないで、世界が輪になっていく〟という歌詞がある。大谷登の目指すのはそういう世界にちがいない。

【論評】

大谷登は、明治学院東村山高校で武藤院長に感化を受け、「世界人になれ」との言葉を人生の座右の銘とした。しかし海外に出ていくまでは、外資系の会社を含む海外関係の会社に就職を試みるがことごとく失敗する。

失敗を更なる海外への憧れの肥やしとして、海外旅行会社に入りキャリアを積む中で、当時では珍しい英文コピーライターとしてキャリアのバージョンアップに成功する。この収入で、英語のブラッシュアップとビジネスのキャリアを磨くためにニューヨークに移住を決意するが、そこでぶつかったのが英語のさらなる高い壁だった。

しかし、ここからいかにしてこの壁を破るかのチャレンジが、現在のスピードラーニング事業の設立に繋がっていく。事業は成功するが、そこで考えたのは、企業は何のためにあるかということだった。大谷登は企業の理念、綱領を真剣に考えるようになった。これが「一つの言葉が心と心をつないで、世界を一つの輪にする」という会社全体のスローガンとなり、社員が一丸となって同じ方向へ向かって躍動を始めた。

10

松下幸之助

住み込みの小僧さんから世界のパナソニックに

締めくくりには、やはり日本のアントレプレナーの代表、松下幸之助を紹介したい。

幸之助は、１８９４（明治27）年11月27日、和歌山県海草郡和佐村字千旦《せんだん》ノ木に生まれる。その時代は日清戦争、日露戦争と世界の大国に連勝し、好景気にわいた時代ではあったが、父・政《まさ》楠《くす》が米相場に失敗し、宏大な家屋敷と家財を売っても払えないぐらいの借金を背負う。隣村に行くのに他人の土地を通らなくていいほどの大地主、家では下男・下女が働く超裕福な生活から、食うに困る生活に急転落してしまう。

満9歳で単身丁稚奉公に出る

あと数ヶ月で小学4年生が終わるという11月23日、大阪の火鉢屋で住み込みの小僧さんを探しているという話があり、幸之助はわずか満9歳で大阪に出ることになった。母のとく枝は「この子は一人で大阪へまいりますよって、途中のことはどなたさんでもよろしゅうお頼み申します」と涙ながらに息子と別れた。

3ヶ月はあっという間に過ぎ、ようやく大阪の生活にも慣れた頃、火鉢屋は製造事業に集中するために移転を余儀なくされ、幸之助も大阪市内の商売の街、船場の中央に位置する「五代自転車」という自転車修理販売の店に再び丁稚奉公することになった。当時の自転車は今日の自動車に匹敵するほどの乗り物で、誰もが憧れる先端の業界である。

当時の交通機関で大阪まで半日という片田舎から9歳で単身出てきて、わずか3ヶ月で突然のキャリアチェンジを受け止めなければならなかった。しかしながら幸之助はそういう心配とは別に、大都市への憧れ、先端の自転車産業への経験に何かワクワクするものを感じていた。店の手伝いといってもたいしたことができるわけではなく、店に来た客にタバコを買いに行かされる使い走りがせいぜいだった。気前のいい客は釣り銭を握らせてくれる。わずかではあるが、これが駄菓子屋で飴を買う小遣いとなった。

そのうち、タバコは20個入りカートンで買うと1個タダで付けてくれるというのを知り、もらったお駄賃を使わずに溜めておいて、タバコの買い置きを2階の自分の狭い部屋に準備した。使いを頼まれるとそっと2階に上がり、しばらく経ってからタバコを客に手渡すと、「ボン、よう頑張って駆けて行ってくれたんか」と、お駄賃を奮発してくれた。20個回転すると1個分の利益

写真提供：共同通信社

が出た。これによって小遣いもどんどん溜まっていった。

当時のタバコの値段をベースに試算すると、当時の給料の4分の1以上になる。仕事の時間を邪魔されることもなく、主人も喜び、客も早くタバコが吸えるし、自分は若干休めるし、そのうえ小遣いまで入ってくる。まさに今流に言うと「ウィン・ウィン」の双方両得商法だった。

これからはエレキの時代だと配線工事士に

もう一つ、幼い幸之助が才覚を発揮したのは、すべてのことに対して前向きであったことだ。ある日、お得意さんのところへ集金に行くことになった。傘をさして濡れた路面を行く途中、滑って転び、顔中傷だらけで血を流した。ちょうどその時、路面電車が通りかかったが、数メートルのところで急ブレーキをかけ難を免れた。顔から血を流しながら店に帰ってきた幸之助に、店員仲間が心配をして訊ねた。すると幸之助は「僕は幸運だった。電車に轢かれそうになったのに、こうやって無事に帰って来れたんだから」と事もなげに答えた。こうした子どもの頃からの前向きな態度が、後に起業してから数々の試練にあっても物事を前向きにポジティブに見ていく姿勢につながった。

この頃から、横浜、東京から始まった文明開化の波が大阪にも押し寄せ、街中に路面電車が敷設されるようになる。だんだん年を重ねるにしたがって、路面電車の数も増えた。路面電車が大きなカーブを切ると、電線とパンタグラフの接触によって火花が大きく散る様子がいたる所で見られた。夜はまるで花火のように美しい。この光景を目にするたびに、次にやってくるエレキの未来をワクワクする思いで想像し、夢にまで見るようになった。

このお化けのような電気馬車が大阪の庶民の足になるに従い、今までの交通手段であった人力車や、大阪を網の目のように流れる運河を走る巡航船はだんだんと減少していった。

満15歳を迎えた幸之助にも、世の中の変化がひしひしと伝わってきた。これからはエレキの時代だ。幸之助は五代自転車の主人に配線工事士になりたいと告げた。今までお世話になったお礼を兼ねて、当分は日曜日に五代自転車店をお手伝いしたい、と気持ちを打ち明けた。9歳からわが子のように育ててきた奥様は涙し、主人も立派になった幸之助の申し出を笑顔で快諾した。

この決意にはもう一つ大きな理由があった。父親を始め、10人の家族が流行り病のように肺尖カタルで次々と亡くなっていた。幸之助は、松下家の再興は自分がなんとしてもやり遂げなければならない、と強く感じていたのである。

大阪電灯会社から独立、起業へ

翌年、16歳の幸之助は大阪電灯会社（現在の関西電力）に入社する。見習いの工事士でも毎日休むこともなく働けば、皆勤賞に残業手当もつく。幸之助は朝から夜半まで働いた。そして日曜日は五代自転車で手伝いをした。毎日クタクタで、ついに彼も咳とともにタンに血が混じるようになった。

1913（大正2）年、母のとく枝が亡くなったのを機に、残り少なくなった家族の姉が「身をかためて、松下家の位牌を守る」ことを強く勧め、幸之助の健康も真剣に心配してくれた。幸之助は見合いをし、兵庫県淡路島出身の井植むめのを花嫁に迎えた。これは大きな幸運だった。のちに、就職の面接で幸之助は必ずと言っていいほど「あなたの人生は幸運でしたか」と聞いている。井植むめのによって縁戚となった井植家の兄弟たちは、松下電器の設立・発展に大きく貢献しただけでなく、戦後、GHQから「制限会社」の指定を受けた際に独立分社して三洋電機を設立し、この危機を救うことになる。

幸之助が肺尖カタルのため仕事ができなくなる日が続き、妻の針仕事の内職に頼るようになる。内職の収入が幸之助の日当を超える日もあったという。働き者の妻の内職により収入も増え、その上やりくり上手で生活は少し楽になった。

仕事の面では機知に富んだ幸之助は、「改良ソケット」の提案をするが上司に受け入れられず、やむなく自分で実用新案の特許を取った。幸之助は「お客さんが使いやすく、役にたつ物を、なぜ受け入れてくれないのか」と職場の融通のなさに危機感を感じるようになった。もはや起業する以外に生きる道はない、と頼りになるパートナーである妻に打ち明け、奮い立つ思いで7年間勤めた大阪電灯会社の正門を後にした。

手元にある資金は、退職慰労金、日給40日分、会社での積立金、貯金、すべて合わせて100円に足りない金額しかなかった。最初の工場は現在の生野区鶴橋の借家、2畳（夫婦の寝室兼居間）と4畳半の作業場だった。早速、むめの夫人の実弟、高等小学校を出たばかりの井植歳男を淡路島より呼び寄せる。それに昔の職場の同僚が加わり、4人の従業員からの出発となった。

新案特許をとった二股ソケットがヒット商品に

改良ソケットは、アスファルト、石綿、石粉を混合すればできると想像はついたが、材料の比率も熱のかけ具合もわからない、暗中模索の日々だった。調合を研究するために、練物製造工場の付近に落ちている材料や製品のかけらを拾って調べる日が続く。大阪電灯会社の同僚で会社を辞めて練物工場で働いている昔の同僚から、何とかコツを聞き出すことができた。こうした試行錯誤を繰り返し、夏から始めたソケット作りがようやく製品となったのは秋風の吹く10月半ばだった。

しかしながら値付けも販売先もわからず、改良ソケットのセールスは惨憺たる有り様で、1日歩いても1個も売れない日が続き、あっという間に狭い家の中いっぱいに在庫の山ができた。キャッシュフローはとんでもなく悪く、風呂好きの幸之助が風呂に行く金にも困った。

この危機を救ったのは、近くの川北電気という扇風機工場だった。当時の好況を追い風に、川北電気は万単位で扇風機の製造に忙殺されていた。扇風機の部品の配線盤の一部を陶器から練物に替えてみたいという注文がきた。ソケットとほぼ同じ材料を使うので、対応はそれほど難しくなく、歳末納入の時には手に多額の現金を手にすることができた。

幸之助はこの時の経験から、辛抱することの大事さと、辛抱しているとその姿を誰かが見ていて、援助の手を差し伸べてくれることを知った。数十年後に、川北電気が松下電器の兄弟会社になり、松下電器から手厚い援助を受けることになったのは、この時の出会いによるものである。

創業の危機を脱した幸之助は1918（大正7）年に北区・大開町（現・大阪市福島区大開2丁目）に工場と本宅を移し、改良ソケットと電気部品を製造販売する会社として、新たに「松下電気器具製作所」の看板を掲げた。この後、第二の新案特許をとった商品「二灯用差し込みプラグ」は、電灯とアイロンというように二つの電気器具を同時に使えるようにするもので、二股ソケットという愛称でヒット商品になった。夕暮れに本を読んでいた姉が、アイロンをかけたいから電灯を消してと妹に言われて言い争いになったのを見て、同時に二つの事ができないかと考案して生まれたものである。

物づくりの基本は、儲けよりお客様のためになるものをつくって喜ばれなければいけない、と幸之助は常々社員に教育指導してきた。この創業期の理念が、8兆円を超えるパナソニック社にいまも脈々と息づいている。

【論評】

「経営の神様」と世間からいわれる松下幸之助のキャリアは、他の起業家と比べると飛びぬけている。卓越しているのは、常に自分を「強運」の持ち主であると考え、何事も前向きに人生を考える性格で、これが成功につながった。

彼は晩年、日本の未来を憂い、「松下政経塾」という政治塾を設立して数多くの政治家を輩出してきた。松下幸之助が直接面接試験にも立ち会った記録によると、彼は二つの同じ質問を繰り返した。

あなたの「夢と志」は何ですか?

あなたは「強運」ですか?

この二つの問いが人生設計の基礎づくりの重要なアドバイスではないだろうか。「夢と志」がなければ、自分の未来は定まらない。そして、前向きな「運勢」に対する自信と楽観性がなければ失望と後退の人生になる。

松下幸之助は、貧しさ、落胆、不安の中から数々の職業を経験し、数多くの人たちと交わった。まわりの人々全員を人生の師と心がけ、数々のキャリアの中から、人生の遣り甲斐、生き甲斐を感じ、最後に「感謝」の二文字で人生を閉めくくった。松下幸之助こそキャリアチャンピオンの筆頭であった。

第2章

サッカーボール型キャリア開発

日本とアメリカを行ったり来たりの日々

ここでは、私の考案した「サッカーボール型キャリア開発」についてお話し致します。その前に、私のキャリアについて紹介しておきたいと思います。

私は、1968年に明治学院大学経済学部経済学科を卒業して、松下電器産業に入社しました。1ヶ月間、基本教育を受けたあと、エアコン事業部で3ヶ月間の工場実習、そのあと販売研修のため、大阪の町の電気屋さんで「丁稚奉公」をしました。第1章で紹介したように、松下電器の創業者・松下幸之助は満9歳で住み込みの丁稚奉公を始めました。その時の幸之助の経験から、新入社員にはまず商人《あきんど》としての心構えを身につけさせよう、という社員教育の一環です。

翌年から2年間、海外研修でアメリカ松下電器のシカゴ営業所に行きました。大学卒業の新入社員はおよそ450人、そのうち留学経験者、帰国子女、外国語大学、英語部出身者が3割以上を占めています。そのほとんどが海外派遣を目指していました。私も当然海外で仕事をしてみたいというのが夢でした。社員寮で親しくなった先輩から、「君は中国語専攻だから中国語圏——台湾、香港、シンガポールを目指せばいい、そのためには英語スピーチコンテストで入賞することだ」というアドバイスを受けました。彼も前年にコンテストで1番になり、研修生として南アフリカへの赴任が決まっていました。

私はコンテストで準優勝になり、シンガポール派遣の辞令を受け取りました。しかし、ちょうどその時にシンガポールで暴動が起き、駐在は危険だからと出向先がシカゴ営業所に変更になったのです。ここでは、さまざまなことをやりました。最初に所属したのが倉庫部門で、荷物の受入れ・出荷のための、ドックでの日本からの商品の積み降ろしです。いわゆる沖仲仕、港湾労働者と同じ、一日働くとくたくたに疲れる肉体労働です。おかげで1ヶ月の体験を終えた時には腕にも筋肉がついて、なんだかたくましくなったような気がしました。

次に配属されたのがオフィスでの注文係、次いで売掛金回収課（クレジット管理）、経理部、販売企画課、宣伝課、とあっという間に1年が過ぎました。そして次の1年は、デトロイト出張所から販売代理店に出向して、デパートの販売促進、在庫管理、電機量販店でのフロアセールス等々、あらゆる業務を経験しました。そして帰国して、電池本部（現・松下電池工業）の海外営業部で第3市場を担当します。これは、アジア・オセアニア地区への輸出促進と現地販売が業務です。これを2年間やったあと、つぎはアメリカ市場をまた2年間担当し、再びアメリカ松下電器シカゴ営業所に舞い戻って、特品部電池販売課というところで販売活動に携わりました。

特品部では6年間、電池とその応用商品の仕入れ、販促、宣伝、プライベートブランドの大手得意先への営業等々を行ないました。帰国して松下電器本社の営業本部に所属してさまざまな営業活動に携わるのですが、4年後にはまたアメリカへ行かされます。日本とアメリカを行ったり来たりの日々でした。

今度はアメリカ松下電器本社で、東海岸全体の家電店への販売、仕入れ、在庫管理、地域宣伝、さらに全米に存在する超大規模量販店（5社、3万拠点）への営業、と仕事の規模もだんだんと大きくなり、それにつれて責任も重大になって、1996年にはパナソニック全米家電会社の社長／COO（最高執行責任者）に任命され、全米における家電販売の営業利益、宣伝全体の責任を負うことになりました。

「サッカーボール型キャリア開発」の原点

パナソニック全米家電会社では4年間、社長を務めました。その後、南北アメリカ地域の製造販売責任を持つ会長／CEO（最高経営責任者）になり、28社の製造会社と50社ぐらいの販売会社を担当していました。その一社一社の業績をどう評価するか。たとえば売上げはどうか、利益はどうか、占有率はどうかといったことから商品回転率とか、いろいろなことを一社ごとに評価し

図1●サッカーボールに取り組みやキャリアを書き込む

なければなりません。そのときに思いついたのが、サッカーボールを使えばいいということでした。

サッカーボールは白と黒の34面の六角形でできています。その白の面にプラスの取り組み、黒の面にマイナスの取り組みを書き込む。そうすると、白に書き込みが多いほど会社が軽く浮き上がる。つまり、動きの速い会社にしていこうということで、その評価の一つの基準としてサッカーボールを使ってみたわけです（図1）。

動きが速いということでいえば、この10年間、電機業界の業績が悪くなってきた一つの原因は、重すぎるということです。会社が重い、だから動きが遅い。巨大な体をもてあましている恐竜のような存在で、さまざまな部品の製造から販売、宣伝すべてを一社で抱え込んでやろうとするのはもはや無理なのです。それでは時代に即応したスピーディな経営はできない。コンピュータのアップルをご覧なさい。R&D（Research and development、研究開発）、デザイン、販売は自社でやるけれども、製造はマルチベンダ、ロジスティックスからコールセンターまで委託する、といったようにグローバリゼーションに対応してスピーディな経営をめざしてきた。効率のよいシステムをいかに構築するかということが肝心なのです。

話を戻すと、そのサッカーボールを使った業績評価を応用したのが「サッカーボール型キャリア開発」です。最初は白黒関係なくキャリアを書き込ませていましたが、学生に提案されて、黒い部分はマイナスについて書き込ませています。そして、こう付け加えます。マイナスのキャリアも人生という長い目で見たら、結果的にプラスになる、と。

たとえば、留学して、うまく行かなくて失敗して帰ってきても、その失敗がまた成功につながるでしょうし、会社に入って新入社員の頃はいろいろな失敗をするでしょうが、その失敗からきっといろいろなことを学ぶでしょう。

私も、明治学院大学教授でNHKラジオの英会話講座の講師を務められた松本亨先生の「Make Japan a global reality（日本を世界の国にせよ）」という言葉に刺激を受けて、大学ではESS（英語部）のクラブに所属しました。英語の勉強に精を出し、英語でのディスカッション、ディベートをこなし、週一回の英語礼拝にも欠かさず出席して、2年生の中頃にはかなりのレベルに達したとうぬぼれていました。その頃、明治学院の提携校であるミシガン州のホープカレッジの留学試験に挑戦したのですが、みごとに落選。天狗の鼻をへし折られました。

図2●相模女子大学で行なった「サッカーボール型キャリア開発」講義

しかし、その頃に巡りあった中国語の教授に、「これから10年はまだ英語圏が中心だろうが、20年、30年後には中国語圏が大きな力をつけてくる。中国語をマスターして3ヶ国語を身につけるとビジネスの大きな武器になる」と言われて、3年生から中国語の勉強にも取り組みました。

そして、松下電器入社試験の最後の重役面接で、当時の人事担当専務から「君は文化大革命で混沌としている中国で、どういうビジネスができると思っているのか」と詰問されました。私はここぞとばかりに「20年、30年後には日中米の3ヶ国が世界のビジネスの中心になります。その時は、英語と中国語を駆使して御社の販売に寄与します」と答えました。その結果、松下電器に入社することができたのですから、さかのぼれば留学試験の失敗が功を奏したと言えるかもしれません。そしてその後、日本とアメリカを行ったり来たりして、やがてアメリカで会社をまかされるのですから、若い頃の失敗なんて気に病むことはまったくありません。まして偏差値など日本を離れるとまったく関係ありません。

このサッカーボールを使った講義は、相模女子大学を初めとする日本の大学だけでなく、中国の大連市にある東北財経大学、サンフランシスコ州立大学でも行ないました。みんな惹きつけられて熱心に聞き入っていました（図2）。

サッカーボールに書き込んでみよう

第1章に取り上げた川野作織さん、あの方は中学校の英語の先生になりたいと思っていたけれど、実際になってみると、それほどわくわくするような毎日ではなかった。アメリカで暮らしたいという少女時代の夢が再燃してニューヨークに行きます。行ってみると、働く場所は日本食レストランしかない。レストランでは毎日皿を運ぶだけで、アメリカではキャリアが増えないと収入も増えません。彼女は日本の食器を輸入して売ったらどうかと思いつく。だけどやり始めるとまったく売れず、たちまち在庫過剰でにっちもさっちも行かなくなる。たまたま遊びに行った友人のところでビルの空き店舗を見つけ、そこで陶器市をしたらどうかと思いつく。ビルのオーナーも助けてくれて、大成功を収める。

彼女の人生の軌跡を見ると、サッカーボールが埋まるくらい、1個のサッカーボールでは足りないくらい、プラスの経験もマイナスの経験もされています。ただ大事なことは、「失敗は成功の母」という言葉のとおり、失敗した経験をかならず次の成功につなげていることです。学生諸君にはもちろんそれほどの経験はありません。だけど、今までの人生を振り返ってみると、それなりにいろんな出来事に遭遇しています。たとえば、大学受験。偏差値の高い大学を受験して失敗した。しかし、それは失敗でも何でもない。その時は失敗だと思って落ちこむかもしれないけれど、それはその後の長い人生で必ずプラスに転化できるのです。

たとえば、運動部に入って大きな大会で優勝したとか、キャプテンをやったとか、女子学生なら4年間マネージャーをやったとか、これは大きなプラスのキャリアです。しかし反対に、途中で投げた、うまくいかなかった、これはマイナスのキャリアです。でも、マイナスのキャリアであっても、それが会社に入ったり事業を始めたりしたときに、どこまでがんばってどこで見切りをつけるかという、一つの判断材料になったりします。かつてのサラリーマンのように、学校を卒業して定年まで一つの会社で勤め上げるということはもはや美徳ではない。いまはもうそういう時代ではありません。今後は、キャリアをたくさん身につけるほど力があると見なされるようになってゆくでしょう。

ちなみに、松下幸之助のキャリアをサッカーボールに書き込んでいくと、30歳でボール1個がいっぱいになってしまいます。父親の事業の失敗で大金持ちから貧窮生活に転落する、9歳で丁稚奉公に行った火鉢屋さんもわずか3ヶ月で辞めなければならなくなる、そういうマイナスを幸之助は乗り越えて行きました。いかにマイナスをプラスに転じるかが大事なのです。

大きな船でも小さな船でも、どんな船でもいい

サッカーボールに書き込むというのは、今までの自分の人生を振り返って、人生の棚卸しをするということです。学生諸君はまだ人生経験がそれほどないので、棚卸しにならないかもしれません。じっさい5つぐらいしか書けない人もいます。そういう時は、これからやりたいこと、「夢」を青のサインペンで書いてみるのもいいでしょう。本来は1年に1回がいいのですが、そんなに変わっていくわけではないので、5年に1回、それを30歳ぐらいまで続けてください。

第1章で紹介した大坂靖彦さんは、かつて松下電器で私の同僚でした。彼がまだ24～25歳の頃、松下の寮で会った時に「あなたいつ死ぬ予定なの?」と質問してきました。なかなか面白いことを考えるなと思いました。彼はその頃からもう人生の設計図を書いていたのです。第5章で小泉さんが「ライフプランを立てよう」「セルフドリームを持とう」と書いているのはそういうことです。

小泉さん自身も自分の志望通り、航空会社の客室乗務員になることができました、これは大きなプラスのキャリアです。だけど、子会社に教官として出向して本社に戻ってきた時に、通常は昇格できるのに昇格できなかった。同期や後輩が次々と昇格してゆくなかで一人取り残された挫

折感を味わいます。これはマイナスのキャリアになります。そして数年後にようやく昇格できた時に、次のステップとしてまったく違うジャンルの仕事を選び、そのための準備を着々と行ないました。彼女は人生の転機を見すえて、それを見事に乗り越えたわけです。

多くの学生たちが就職を決めようとする際にいちばん不安に感じるのは、志望先すなわち自分の選んだ船が一生乗るにあたいする船かどうか、ということです。私が彼らに常々言うのは、船はいっぱいあるということです。最初に乗った船が自分にはどうも合わないと思ったら乗り換えればいいのです。大きな船に乗る人もいれば、小さな船にも乗る人もいる。どんな船でもいい。そこで得た経験が次の船に乗った時に生きるのです。

私は「大」松下の船に乗って、最後は「松下電器取締役、米州本部本部長兼アメリカ松下電器会長ＣＥＯ」という長ったらしい役職になり、毎月、取締役会への出席、予算会議、特別戦略会議、と年に15、6回の日本への出張がルーティンワークとなりました。さらに、中南米地域のお客様回り、各国にある販売会社との予算・決算会議、アメリカ各地に点在する工場、研究所、さらにカナダ、プエルトリコなどへの出張旅行が繁忙を極めて、1年の3分の1を家の外で過ごすという生活を余儀なくされました。

そして2001年9月11日に同時多発テロ事件が起こり、そのため販売は激減し、さらに日本本社からのリストラ命令で心身ともに衰弱して、ついに突発性難聴という病気になり左耳の聴力を失いました。めまいでまっすぐに歩けなくなるし、耳鳴りが強くして、やがてストレスで夜眠れなくなって睡眠薬を常用するに至りました。

悩みに悩んで、日本出張の際に、元上司だった佐久間副社長に辞任の相談をしたところ、「何を泣き言を言うか。君の周りにいる取締役はみんな病気持ちだ。弱音を吐くな」と一喝されました。彼の叱咤と励ましのおかげで私の沈んだ気持ちは晴れ、病気は回復しました。このあたりから、なんでも自分でやるのではなく、自分の人間力を磨き、ヒューマンネットワークを広げることを心がけるようになりました。

私は松下電器を辞めてからコンサルティングの会社を起こし、いろいろな企業を知りました。松下ではよい経験をさせてもらったけれど、大学で教えることをふくめてこの10年に経験したことはもっとよかったと思っています。それはまさに小さなボートだけれども、自分で漕いだ舟です。そういうことを言っても、若い人たちはなかなか実感としては受け取れないでしょうが、心の片隅に覚えておいて、いつか思い出してもらえたらいいなと思います。

第2部

執筆：小泉京美

第3章 社会に出るまでに身につけておきたい能力とは

社会人基礎力という言葉を知っていますか

皆さん、社会人基礎力という言葉を聞いたことがありますか？　この言葉は、平成18年2月、経済産業省が産学の有識者による委員会（座長：諏訪康雄法政大学大学院教授）において「職場や地域社会で多様な人々と仕事をしていくために必要な基礎的な力」を3つの能力（12の能力要素）から成る「社会人基礎力」として定義づけたもので、社会人としてのスムーズな移行ができるとして、大学時代にこの力をつけることが望まれています（図1）。

3つの能力とは、

①前に踏み出す力（アクション）：一歩前に踏み出し、失敗しても粘り強く取り組む力
②考え抜く力（シンキング）：疑問を持ち、考え抜く力
③チームで働く力（チームワーク）：多様な人々とともに、目標に向けて協力する力

図1 ● 3つの能力／12の能力要素

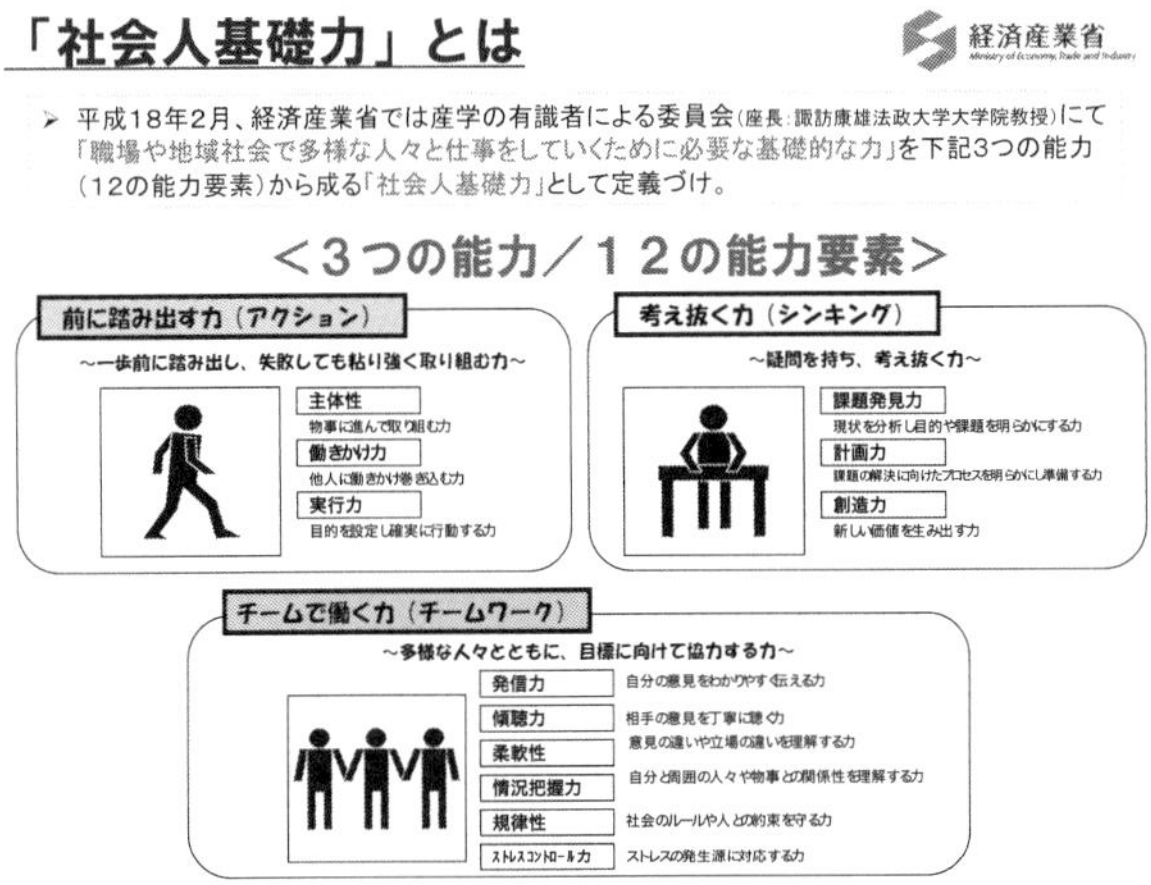
「社会人基礎力」とは
経済産業省
平成18年2月、経済産業省では産学の有識者による委員会（座長：諏訪康雄法政大学大学院教授）にて「職場や地域社会で多様な人々と仕事をしていくために必要な基礎的な力」を下記3つの能力（12の能力要素）から成る「社会人基礎力」として定義づけ。
＜3つの能力／12の能力要素＞
前に踏み出す力（アクション）
～一歩前に踏み出し、失敗しても粘り強く取り組む力～
主体性
物事に進んで取り組む力
働きかけ力
他人に働きかけ巻き込む力
実行力
目的を設定し確実に行動する力
考え抜く力（シンキング）
～疑問を持ち、考え抜く力～
課題発見力
現状を分析し目的や課題を明らかにする力
計画力
課題の解決に向けたプロセスを明らかにし準備する力
創造力
新しい価値を生み出す力
チームで働く力（チームワーク）
～多様な人々とともに、目標に向けて協力する力～
発信力
自分の意見をわかりやすく伝える力
傾聴力
相手の意見を丁寧に聴く力
柔軟性
意見の違いや立場の違いを理解する力
情況把握力
自分と周囲の人々や物事との関係性を理解する力
規律性
社会のルールや人との約束を守る力
ストレスコントロール力
ストレスの発生源に対応する力

出典：経済産業省ウェブサイトより（http://www.meti.go.jp/policy/kisoryoku/）

表2 ● 社会人基礎力

3つの能力	12の能力要素	内容
前に踏み出す力（アクション）	主体性	物事に進んで取り組む力
	働きかけ力	他人に働きかけ巻き込む力
	実行力	目的を設定し確実に行動する力
考えぬ抜く力（シンキング）	課題発見力	現状を分析し目的や課題を明らかにする力
	計画力	課題の解決に向けたプロセスを明らかにし準備する力
	創造力	新しい価値を生み出す力
チームで働く力（チームワーク）	発信力	自分の意見をわかりやすく伝える力
	傾聴力	相手の意見を丁寧に聴く力
	柔軟性	意見の違いや立場の違いを理解する力
	状況把握力	自分と周囲の人々や物事との関係性を理解する力
	規律性	社会のルールや人との約束を守る力
	ストレスコントロール力	ストレスの発生源に対応する力

出典：同上を元に著者作成

をいい、12の能力要素は、この3つの力をつけるのに必要な主要な構成要素のことです。能力要素は表2のように表記されています。

なぜ、国が社会人基礎力を提唱するようになったのか?

そもそも、なぜ、国は社会人基礎力を提唱するようになったのでしょうか?

1つには、日本の雇用形態の変化があげられます。日本の雇用形態は、以前は終身雇用であったことから、学校を卒業して入ってきた新入社員を企業側が訓練して使える人材にしていくというものでした。しかし、バブル崩壊後の「失われた20年」で、企業側が人材を育成していく余裕がなくなりました。即戦力を必要とするようになり、現在の大学が人材育成としてキャリア教育を指導するようになった背景には、このような状況があります。

そこで日本だけでなく、先進諸国に共通の問題点としてあげられるのが、学力低下と失業率増の問題です。一方で、社会に出た時に必要な能力は、学力もさることながら、常識力や人とのコミュニケーション力、人の心を察知する観察力等、さまざまな能力が必要とされ、このような能力がなければ社会は上手く機能しません。このような能力をかつては「人間力」とか「社会人力」などと言われてきました。今まではこの能力を家庭内教育・企業内教育で養ってきましたが、現在は、企業側からも大学を出た時にはすでに身につけてほしいというニーズが高まっています。

もう1つは、グローバル化という社会現象です。一国で成立する時代は終わり、国と国とが共生しながら生きていく時代となりました。日本の企業も、国際競争力の維持と国際分業の仕組みを考えながら、多くの国々と共存共栄し、高付加価値づくりを目指しています。このような観点から、先進国においては、ますます若者を中心にした人材育成の取り組みを強化していく方向にあります。

学力と人間力を強化する目的

学力低下を測る指標には、経済協力開発機構（OECD）が実施している「生徒の学習到達度調査（PISA）」があります。これは、15歳時の能力を検定するもので、国際調査を繰り返し行なっています。この調査で、今までトップ10に入っていた読解力が10位以下に落ち込むなど、日本の子供たちの学力低下が顕著に表れています。

大学についての調査は、英国の教育専門誌「タイムズ・ハイアー・エデュケーション」（THE）が「世界大学ランキング」を発表しています（表3）。100位までにランクインした主なアジアの大学は、日本では東京大学と京都大学の2校、シンガポール2校、中国2校（香港を除く）、香港2校、韓国1校（200位以内に3校）と大学の数が少ないアジアの国が、日本と同じ数だけ100位以内に入っています。

つまり、近隣諸国の大学が、世界のなかでこのように力をつけているということは、グローバル化が進めば進むほど、日本の大学生も世界に目を向けていかなければいけないということが理解できると思います。

表3●世界大学ランキング

世界大学ランキングトップ10

1	カリフォルニア工科大学
2	オックスフォード大学
3	スタンフォード大学
4	ケンブリッジ大学
5	マサチューセッツ工科大学
6	ハーバード大学
7	プリンストン大学
8	インペリアル・カレッジ・ロンドン
9	スイス連邦工科大学チューリッヒ校
10	シカゴ大学

ランキング入りした主なアジアの大学

26	シンガポール国立大学	シンガポール
42	北京大学	中国
43	東京大学	日本
44	香港大学	香港
47	精華大学	中国
47	南洋工科大学	シンガポール
55	香港科学技術大学	香港
59	ソウル大学	韓国
88	京都大学	日本

出典：「タイムズ・ハイアー・エデュケーション」（イギリス）2015年調べ

企業側と学生との間の認識のギャップ

経産省の平成21年度就職支援体制調査事業〈大学生の「社会人観」の把握と「社会人基礎力」の認知度向上実証に関する調査〉によると、企業が「学生に求める能力要素」と、学生が「企業で求められていると考える能力要素」には大きな差異が見られました（図４）。

１つは、企業が学生に対し「主体性」「粘り強さ」「コミュニケーション能力」といった「社会人基礎力」に類する内面的な能力要素の不足を感じている一方、学生はそれらの能力要素への意識は低く、「自分は既に身につけている」と考える傾向が見られる点、２つめは、学生は「語学力」「業界に関する専門知識」「簿記」「ＰＣスキル」等の不足を感じている一方、企業側はそれらの能力要素に対し、特に不足を感じていないという点です。

自社で活躍している若手人材のハイパフォーマーが共通して持っている能力要素を、各企業の人事採用担当者３０９１人に聞いたところ、①コミュニケーション力（20・99％）、②人柄（明るさ・素直さ等）（20・２％）、③主体性（14・１％）、続いて、粘り強さ、チームワーク力、課題発見力、論理的志向と続きます（図５）。

また、日本経団連の２０１３年の新卒採用調査[1]で、企業が採用選考にあたって重視した要素では、10年連続でコミュニケーション力が１位となり、以下、主体性、チャレンジ精神、協調性、

図4　自分に不足していると思う能力要素【対日本人学生】　学生に不足していると思う能力要素【対企業】

- 企業側は学生に対し、「主体性」「粘り強さ」「コミュニケーション力」といった内面的な基本能力の不足を感じている。それに対して学生は、技術・スキル系の能力要素が自らに不足していると考えている。
- 企業側が「学生に求める能力要素」と学生が「企業から求められていると考えている能力要素」ならびにその水準には、大きなギャップが存在する。

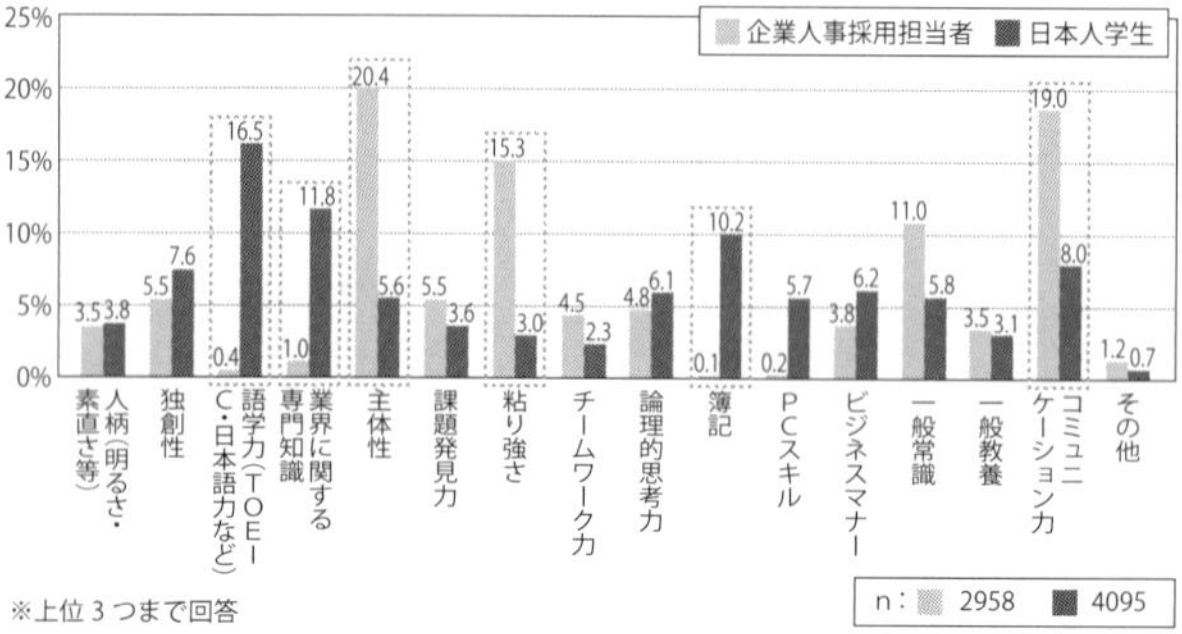

平成21年度就職支援体制調査事業〈大学生の「社会人観」の把握と「社会人基礎力」の認知度向上実証に関する調査〉 出典：経済産業省、平成22年6月より

図5　自社で活躍している若手人材（ハイパフォーマー）が共通して持っている能力要素【対企業】

- 「コミュニケーション力」、「人柄（明るさ・素直さ等）」が突出して多く、次に「主体性」と続く。

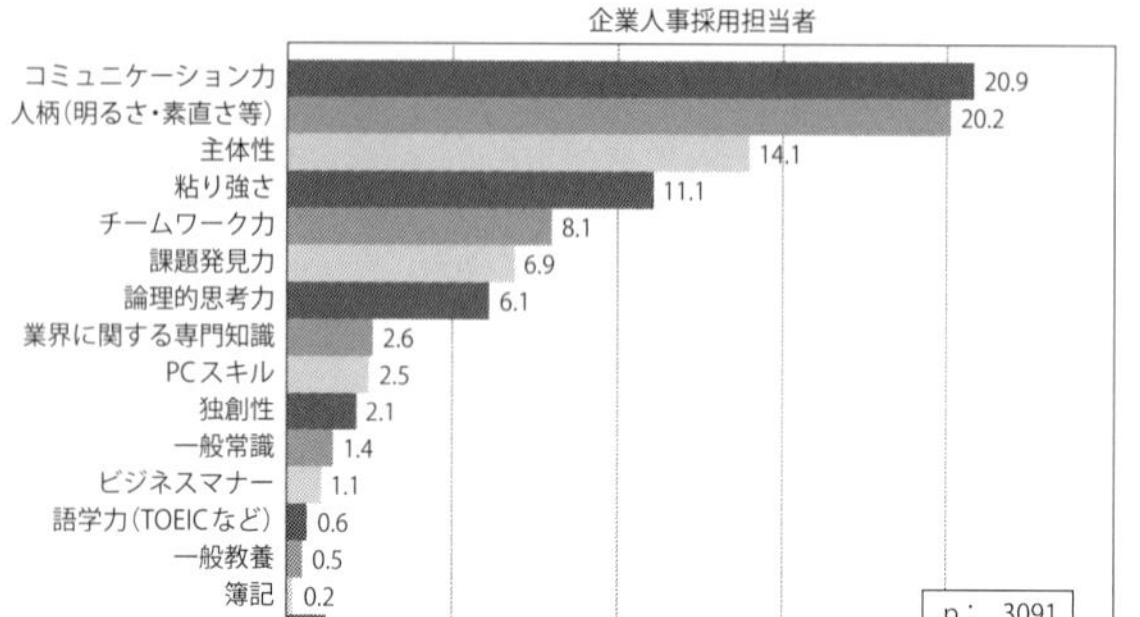

出典：同上を元に著者作成

誠実性と続き、上位5項目に関しては変動がなかったという結果になりました。

このような調査結果からも、教養や実務知識や技能も重要ですが、社会人として求められている能力は、社会人基礎力の中の12の能力要素であることがわかります。

大学側には社会がもとめる人材を供給するという使命があり、この状況を解決するため、文部科学省は、2011年4月より大学・短大でキャリア教育を義務化しました。

シンガポールをはじめ、アジアの新興国が人材育成に投資して高等教育に力を入れた結果、今のアジアの土台を作っている結果を見ると、日本の大学生の学力低下や大学のランキングの低下は、日本経済の土台を揺るがすものであり、このような日本の状況は危機的状況と言ってもいいでしょう。グローバル化が進んでいる現在、企業側は優秀な人材を登用していきます。就職で、日本人を優遇する時代は終わりました。今後の日本を背負っていく若者たちは、各国の大学生にひけをとらずに社会で生きていく力をつけていく必要があります。

社会人基礎力を考える

つづいて、社会人基礎力の内容について、もう少し詳しく見ていきたいと思います[2]。

社会人基礎力は、「前に踏み出す力（アクション）」、「考え抜く力（シンキング）」、「チームで働く力（チームワーク）」の3つに分かれ、その能力を司る要素として12の能力要素から成っていると説明しました。

次に、この12の能力要素について掘り下げ、それを強化する方法を考えてみましょう。

1 前に踏み出す力（アクション）～一歩前に踏み出し、失敗しても粘り強く取り組む力～

①主体性：物事に進んで取り組む力

主体的に行動する、主体的に動きなさいとよく言われます。企業に入ってからも、このような言葉はよく耳にしますが、この主体的に行動するとは、どのようなことを言うのでしょうか？

辞書（大辞林）には「自分の意志・判断によって、みずから責任をもって行動する態度や性質」とあります。

似ている言葉に自主性というのがあります。自主性は、決められたことを自ら進んで行動することです。主体性と自主性の違いは、主体性は何をやるかは決まっていない状況下で、自分で考え、判断して行動するのに対し、自主性は、単純に「やるべきこと」は明確で、その行動を率先して人に言われないで自らやることとです。

つまり、主体性には、「実行」すると共に「考える」という能力が必要となってきます。

例をあげると、職場で挨拶をしましょうということが決まったとします。自主性がある人は言われる前から挨拶をしていると思います。主体性がある人は、この挨拶をするという規則に関して、挨拶をすることを実行するだけでなく、なぜ、そのような決まりがあるのかを考えます。例えば、職場環境を良くするためにこのようなことをするのではないかという結論を導いた場合、職場のコミュニケーションが良くなるための施策を考え、朝礼やランチミーティングを提案したり、イベントを企画するなど一歩進んだ行動をとることです。

主体性の鍛え方

主体性を強化するために意識することが3つあります。

⑴自分の状況を把握する

(2)決断する
(3)実行する
まずは、自分を客観的に把握し、周囲が何を求めているのかを理解することです。そのためには、自己分析をしっかりとする必要があります。自分ができることがあったら、決断して、実行するという行動に移る必要があります。アルバイト先やゼミ、サークルやクラブ活動などで自分の役割を把握し、行動するように心がけることが大切です。

②働きかけ力：他人に働きかけ巻き込む力

働きかけ力とは、他人に何かを頼んだり、勧誘したりすること、また、リーダーシップを発揮することや、交渉したり、協力・提携をもちかけることです。

これは、学生の皆さんが苦手とするところです。何かプロジェクトをやったり、チームで発表したりする時などで、しっかりやる人とやらない人がいます。一緒にやるメンバーが、やらない人に如何に協力して参加してもらうかというのも、働きかけ力になります。そんなことを言っては人間関係を壊してしまうのではないかとか、言ってもなかなかやってくれないので、面倒だから自分でやった方が早い、とついつい自分で多くの仕事を抱えこんでいないでしょうか？　企業でも、この力がないとリーダーになることはできません。

なぜなら、一人で仕事をする能力には限りがあり、自分で仕事を全て抱えてしまうと、期限までに終わらなかったり、忙しすぎて、失敗したりするケースにつながります。やらない人にもやってもらうというのは、組織で動く時には必要ですし、やってもらうことによって、本人を育成することにつながります。この力は、相手がいることなので、交渉力や会話力も必要としますし、他の社会人基礎力の要素も必要となってきます。

働きかけ力の鍛え方

この力は、仲間から協力を得るために必要な力です。授業のグループワークなどで役割分担をお願いしたり、サークルやゼミなどで、いつもと違う役職について皆に協力をしてもらうなども良いのではないでしょうか。

常に、働きかける場に自分の身を置くことが強化するコツです。他人を動かすような経験の少ない人は、身の回りにいるリーダータイプの人を参考にするのも1つの手です。彼らが周囲の人たちを動かすために、どのように声をかけ、フォローし、目的を共有しているのかを観察し、小さいグループから働きかける努力をしてみましょう。

③実行力：目的を設定し確実に実行する力

実行力と似ている言葉に行動力がありますが、意味が異なります。

行動力とは、「自分の意志により行動を起こすこと」です。「変化を求め行動し、行なうと決めたことを徹底してやり抜く能力」を言います。実行力とは、「目的を設定して確実に実行する力」、「計画や理論を実際に行なえる能力」です。つまり、何か決められた項目において、それを実際に行ない、結果を出すことができる能力を指します。

大学時代は、行動力があれば評価されますが、企業では、行動力＋実行力が必要です。なぜなら、大学時代は利益を出す必要がありませんが、企業は利益というものがついてきます。プロジェクトなどで失敗が許されないことが多い世界です。行動を起こしただけでは価値がなく、結果がもとめられます。そこで、実行力という、目的を設定して確実に実行する力が必要となるわけです。

実行力の鍛え方

実行力を鍛えるには、次の順序で実行していきます。

(1)必ず目標を設定すること。
(2)期限を決める。いつまでに、何をどのレベルまで引き上げるか、達成するかを明確にする。
(3)最初の目標設定は、確実にクリアできる範囲より少しだけ高い目標設定をして必ずクリアできるようにします。挫折しないように徐々にハードルを上げていきましょう。

重要なのは、できるという自信をどれだけ築けるかです。小さい成功体験の積み重ねが実行力を強化する近道です。

2 考え抜く力（シンキング）～疑問を持ち、考え抜く力～

④課題発見力：現状を分析し目的や課題を明らかにする力

「人間は考える葦である」と言われるように、「考える」能力は人間であれば誰しもが持っていますが、あえて、ここで強調されるのはなぜでしょうか？

企業が永続的に続いていく為には、多くの問題を克服していく必要があります。例えば、ヒット商品が誕生し、多くの利益が出たとしましょう。その商品のヒットは永遠に続くことはありませんから、次の商品を考えていかなければなりません。また、欠陥商品を出した場合、どのような対応をしたらよいかの対策を考えなければなりません。

このように、企業では考えることが途切れなく山積みの状態です。この山を解決し、平らにしていくのが、皆さんの仕事です。そこで、現状に満足せず、常に考えて課題を発見し、それを解決できる人材が必要なのです。勘違いしてはいけないのは、問題を発見したということで終わるのではなく、発見した問題を如何に解決するかを考えることができるかということで、それが課題発見力です。

課題発見力の鍛え方

課題発見力は、常に「これでいいのか」と自問自答することから始まります。現状に満足するのではなく、「この取り組み方でいいのか？」「目標はこれでいいのか？」と、常に現状を分析してください。自己分析や企業分析をすることも1つの方法です。

また、アルバイト先で当たり前となっているルーティンワークなどについても、考えてみて下さい。自分の周囲を観察し、課題はないかどうかを探ってみましょう。言われたことをそのままやるのではなく、何か不便なことがあった場合、便利にする方法がないかどうか考えてみましょう。

課題が見つかったら、誰かに話してみることです。誰かに聞いてもらうことによって、その課題は重要なのか、的外れなのかを検証できます。見つけた課題が適切であれば、その後の解決策の模索へと発展します。この繰り返しによって、課題発見力が磨かれるのです。

さらに、事例研究など、知ることも必要です。「がっちりマンデー!!」や「プロフェッショナル 仕事の流儀」などのテレビ番組から、企業の成功事例やアイデアの出し方などの知識を得ることも一つの方法です。

⑤計画力：課題の解決に向けたプロセスを明らかにし準備する力

課題を理解し、解決の方向が見えているとき、実際に課題解決や目標達成に向けて行動を起こすときに必要となるのが「計画力」です。この計画力は、一見、簡単そうに見えますが、学生の皆さんが不得意とする分野です。

例えば、期末試験でレポート提出の課題が出された時に、どのようにして皆さんは計画を立てますか？　期末というと、全ての履修科目で課題やテストが実施されますが、皆さんは、提出期限ギリギリになってあたふたとやっていないでしょうか？　なかには、１教科は捨てる覚悟で試験に臨んだりしている人はいないでしょうか？

学生の場合は、最悪、単位を落とすだけですむので期限ということを安易に考え、計画せずに手近なものから片付けていくという行動で何とかなっていますが、社会人は一人の失敗が企業の失敗につながることもあり、そう簡単にはすまされません。「優先順位」を考え、「段取り」をつけて実施する必要があります。これが、社会人に求められる計画力です。

計画力の鍛え方

計画力を身につけるには、まず、自分の力量を把握することが最も重要です。自分がどの程度、出来るのかが解らないと余分な仕事を引き受けたり、出来ると思って先延ばしにしてしまい、結果的に計画が終わらないという事態になってしまいます。

ただし、常に余裕のある状態で仕事をするのではなく、自分の限界に近いレベルで仕事に取り組まなければ、社会人としてレベルアップはできません。常に、現在取り組んでいることのやり方は正しいのか、問題はないのか、他に進め方はないのか、などをチェックしながら取り組むことが必要です。

次に、いくつかのことに同時に取り組んでみます。社会では、同時にいくつも仕事をすることがあります。限られた時間の中で複数のことを同時に進め、しかも失敗しないためにはどうすればいいのか。ポイントはスケジュールと工程を考えることです。

まずは同時に取り組み、成功するコツをつかみましょう。例えば、クラブ活動、ゼミのプロジェクト、アルバイトを同時進行するなどで、スケジュール管理をすることを覚えて下さい。

⑥創造力：新しい価値を生み出す力

創造力と想像力の2つの言葉があります。どのように異なるのでしょうか？

創造力は英語でCreative power, Creativity, Originality, Inventiveness、想像力はImagination, Imaginative powerと言います。創造力は「独創的で今までにないモノを生み出す力」、想像力は「今までの経験や知識を踏まえた上でイメージする力」です。創造力を発揮するためには、何かのキッカケが必要です。何かを見て、それを機にイメージが浮かぶということです。何もないところから、生み出すことは困難です。多くの情報を集め、現状を把握して問題点を分析していくという作業が必要です。

創造力の鍛え方

創造力はそう簡単に身に付くものではありません。常日頃から、疑問を持ち、疑問を解決することを考える習慣が必要です。そのために、創造力を養う授業を履修し、方法論を学び、プロジェクトなどがあればそれに挑戦するのも良いでしょう。

私が学生に体験させて最も効果的だったのは、課題解決型のコンテストに参加することです。自分で発想せざるをえない環境に身を置くことによって創造力を鍛える方法もあります。

考え抜く力というのは、課題を発見して、新たなモノに変革し、それを実行するまでの一連の作業が必要とされるので、ここでいう、課題発見力、計画力、創造力の3つの要素が必要になってきます。

⑦発信力：自分の意見をわかりやすく伝える力

発信力は、ただ自分の言いたいこと伝えることができるだけではなく、相手に理解させる力のことです。どのような素晴らしい文章を書いたとしても、相手が理解していないのでは意味がありません。

大学の講義などで、皆さんは経験しているのではないでしょうか。先生の講義を聞いて、内容は高度で素晴らしいと思うけど、どうも理解できないということはありませんか？　伝えるということは、独りよがりで自己満足ではいけません。相手が理解しないといけません。

企業では、自社の商品を説明する機会が沢山あります。テレビ通販など良い例ですが、売り手が如何に商品を視聴者に伝えるかで売り上げが変わります。ジャパネットたかたの高田前社長は、町のカメラ屋さんだった人がカラオケブームに合わせて、長崎放送局のラジオショッピング番組に出たのがきっかけであのように有名になったのですから、かなり発信力が高かったと思います。仲間とともに仕事をしていくうえで伝える力は重要です。発信力は会話だけでなく、文章も同じことですので、メール文なども発信力に含まれます。

発信力の鍛え方

コミュニケーション力をつけることです。年齢の異なる人と会話をしたり、大学の授業ではノートの取り方に気をつけ、要点を明確に整理しましょう。発表の機会を増やし、友人とお互いにコメントを言い合いましょう。レポート作成やメール文に慣れることも必要です。

⑧傾聴力：相手の意見を丁寧に聴く力

傾聴力とは、人の話をただ聞くのではなく、相手の言葉・表情・声・動作などに注意を払って、より深く、丁寧に耳を傾けることです。

自分の訊きたいことを訊くのではなく、相手が話したいこと、伝えたいことを、受容的・共感的な態度で真摯に〝聴く〟行為や技法を指します。それにより相手への理解を深めると同時に、相手も自分自身に対する理解を深め、納得のいく判断や結論に到達できるようサポートするのが傾聴のねらいです。

社会人基礎力では、傾聴力を示す行動例として「相手の話しやすい環境をつくり、適切なタイミングで質問するなど相手の意見を引き出す」となっています。ただ聞いているだけでもなければ、一方的に問い詰めて訊き出すのでもない。「聴き上手」と言われる人がそうであるように、受け身にならず、相手の話に相づちを打ったり、質問をしたり、ときには自分の考えも交えながら、積極的にアクションを起こして相手の話したいことを引き出す姿勢が、社会人として必要な傾聴力なのです。

たとえば、クレーム対応などでよく使います。クレームがあるお客様に対して、言い訳するのではなく、お客様が一体何に対して本当は怒っているのかを聞き出す必要があります。また、仲間同士のコミュニケーションの場でも、相手を理解することが仕事へのモチベーションにつながり、仕事の効率化を高めるコツです。このように多くの場面で役に立つことから、傾聴力が必要とされるのです。

傾聴力の鍛え方

ポイントとして4つの方法があります

(1)頷き・相づち
(2)オウム返し
(3)質問する
(4)相手の気持ちを汲み取る

4つのポイントを行なう時に重要なのは、相手の立場になって考えながら聴くことです。例えば、オウム返しがよいからと言って、同じ言葉を繰り返されたら逆にバカにされたと感じてしまうかもしれません。TPOに合わせて4つの技法を使い分けができることが必要です。日頃から学校やアルバイト先で訓練して鍛えましょう。

⑨柔軟性：意見の立場や立場の違いを理解する力

社会人基礎力では、「柔軟性」を「意見の違いや立場の違いを理解する力」と定義し、「自分のルールや、やり方に固執するのではなく、相手の意見や立場を尊重し理解する」ことを行動例として紹介しています。(3)

柔軟性は、社会生活をするうえでとても重要な能力です。

社会人として生活する際には、自分が住んでいる地域の人々との付き合いがあり、仕事では職場の同僚や取引先企業の担当者と一緒に仕事を進めなければなりません。そうした人々とうまく付き合うためには、お互いが理解し合う必要があります。柔軟性を理解する際に大切なのは、「意見や立場の違いを理解する」という点で、たとえば他人と話をする際には、相手がどのような立場で、どのような考えを持っているのかが分かっていれば話も弾みます。仕事での交渉や商談の場で相手の立場・意見を理解していると、相手が受け入れやすい提案ができ、交渉もうまく進むことでしょう。

柔軟性の鍛え方

自分と異なるバックボーンの人や世代の異なる人と付き合ったり、話をしたりする機会を増やすことです。そのためには、大学でサークルや部活動に入ったりして、自分の学年以外の人と接する機会をつくったり、ボランティア活動や地域貢献活動に参加したりするなど、幅広く活動することにより、多くの人と接する機会をつくり柔軟性を鍛えましょう。また、海外に行って異なる文化と習慣に触れるのも1つの方法です。

⑩状況把握力：自分と周囲の人々や物事との関係性を理解する力

社会人基礎力では、状況把握力を「自分と周囲の人々や物事との関係性を理解する力」と定義し、行動例を「チームで仕事をするとき、自分がどのような役割を果たすかを理解する」としています。

例えば、レストランでホール（接客担当）のアルバイトをしているとしましょう。厨房のスタッフの人数が通常より少ないため、洗い物が山積みになり、使う食器が少なくなってきています。自分はホール専門で雇われているから厨房は手伝わなくてよいと考えるのではなく、今の自分に何ができるか、周囲の状況から自分が今何をすべきか、という行動を判断できる能力が必要です。これは、前に踏み出す力の中の主体性にもつながることです。

逆に、主体性を持って行動しても、状況判断を誤った場合、間違った結果を招いてしまいます。状況把握力は、多くの場合「能力要素」に関わってくる力だと考えることができます。

状況把握力の鍛え方

状況把握力を鍛えるには、2つの方法があります。

第一には、「自分さえ良ければいい。他のことは関係ない」などという心の狭い考え方をせず、置かれている状況を理解しようとすることです。何かに取り組む際には、自分のことだけに一生懸命になるのではなく、周囲の状況に関心を持ち把握する努力をすることで、これが習慣となって気づく力が養われ、状況を判断する力が強化されます。

第二は、自分を知ることです。自分の強みと弱みを知っていれば、その状況で何が出来るか判断ができるはずです。第5章の自己分析で、しっかりと自分を分析して下さい。

⑪規律性：社会のルールや人との約束を守る力

社会人基礎力では、規律性を「社会のルールや人との約束を守る力」と定義し、行動例を「状況に応じて、社会のルールにのっとって、自らの発言や行動を適切に律する」としています。当たり前のことを当たり前のようにできることは最低限必要です。「水は低きに流れ、人は易きにつく」というように、ついつい人は楽な方へと流されがちで、その過程でルールを破ったり、手を抜いたりしてしまいます。

例えば、最近、駅校内などで公共のマナーのポスターを見かけます。携帯電話の使い方や歩きスマホの禁止など、当たり前のことが守られていないことが多い世の中です。自分一人だけならという気持ちが、他人に迷惑をかけ、さらに、会社に迷惑をかける場合があります。自分を律する気持ちを強く持つことが、社会人基礎力で求められる規律性なのです。

規律性の鍛え方

これは、自分の気持ち一つです。今までの行動を振り返り、規律ある行動をとっていたかどうかを確認することも必要でしょう。一方で、規律にとらわれすぎてしまうと、人間関係を悪くし、争いごとになるケースもあります。規律を守ることは重要ですが、しっかりと周囲をみて行動することも必要です。

⑫ストレスコントロール力：ストレス発生源に対応する力

社会人基礎力では、「ストレスコントロール力」を「ストレス発生源に対応する力」と定義し、「ストレスを感じることがあっても、成長の機会だとポジティブに捉えて肩の力を抜いて対応する」としています。

仕事でミスや失敗をすることがあります。重要なのは、失敗したことにいつまでもクヨクヨしているのではなく、失敗をバネに成長することです。失敗した時に立ち直りが早い学生は、先輩ももっと教えてあげようという気になって、色々とアドバイスをしてくれるので、仕事を早く覚えることができます。

逆に、先輩から注意される度にクヨクヨしている人は、職場の雰囲気も暗くなりますし、注意する方も控えるようになり、結果、本人が仕事を教えてもらえないという状況を作ってしまいます。人は失敗しても、さらに挑戦するという気持ちが必要です。第5章で紹介する彼女（161頁）のように、失敗することではなく成功することが目的というポジティブな発想力が必要です。

ストレスコントロール力の鍛え方

基本的には、経験から学ぶしかありません。一度も外に出たことがない温室育ちの花は、外に出すと枯れやすくなります。麦を育てる時は、麦踏みをします。これは、踏むことにより麦が傷つき、エチレンを発生させて茎が太くなり、風で倒れにくく、さらに分枝も多く出て強い麦になるからです。常に、自分を温暖な環境に置くのではなく、できるだけ軽いストレスのかかる状況に身を置き、どうやってストレスを回避するのかを経験することが必要です。

例えば、今まで、リーダーなどの責任ある仕事をしたことがない人は、あえて、サークルやゼミなどで責任を持つという立場や役割に挑戦してみるのもいいでしょう。しかし、あまり無理をしないように。自分のできる範囲で行ない、皆に協力をあおぐ努力をして下さい。これにより、働きかけ力も向上するはずです。

重要なのは、ストレスに対して自分がどのようになるか自己を知ることです。そのためにも経験する必要があります。小さなストレスから徐々にレベルを上げてみてください。

まとめ

社会人基礎力の3つの能力と12の能力要素を説明してきましたが、基本的に1つが優れていれば良いというわけではなく、それぞれが相互に関係している部分があります。またこれらの能力は、大学の教室で行なう授業で身につけにくい能力です。社会人として求められている以上、どうしたら社会人基礎力を強化することができるか、周囲の環境を考えたうえで行動することが必要ですし、この能力は一夜づけでつくものではありません。毎日の積み重ねが必要です。

言われたことを確実にこなせる人材は、アルバイトでよいと企業は考えています。企業が求めている人材は、今の状況をよりよくすることを考え、実行し、結果を出せる人です。その能力が社会人基礎力のついた「人財[4]」と言えます。大学時代に課外活動を通して学生がいかにして社会人基礎力を高めていったかを書いた拙著『キャリア教育で「人間力」が伸びる』（東方通信社）を、興味がある人は読んでみてください。普通の女子学生がたくましく成長する姿に、きっと勇気をもらえるはずです。

【注】

（1）「週刊経団連タイムス」２０１４年１月９日号　https://www.keidanren.or.jp/journal/times/2014/0109_04.html
（2）本項においては、経済産業省の社会人基礎力のホームページならびに日経キャリア教育.netを参考にした。日経キャリア教育.net　http://career-edu.nikkeihr.co.jp/contents/all/societygym/index.html
（3）日経キャリア教育.net　http://career-edu.nikkeihr.co.jp/contents/all/societygym/10.html
（4）あえてここでは、企業にとっての財産という意味で「人財」を使用した。

第4章

キャリア・アクションプラン

企業は安定を求める場所か？

キャリアとは就活のためのものではなく、自分の人生を自ら作っていくものであることが理解できましたか（第1章参照）。それでは、どのようにプランを立てていけば良いのでしょうか？多くの人がキャリアプランについて色々な考えを述べています。「10年後、20年後を考えてプランを立てよ」とか、「人生は計画通りに行かないので、プランを立てない方がよい」という考え方もあります。では、大学生の皆さんはどちらを選ぶべきでしょうか。

私は、やはり、計画を立てるべきだと思います。計画を立てないと周囲の状況に流されるまま人生を歩むことになります。流されるまま人生を他人に決められるより、自ら決めた方が、失敗したとしてもあきらめがつきます。また、修正すればよいわけですし、修正しながら進んでいくからこそ人生が面白いわけです。

日本の労働環境の変化を見ると自己管理型の環境になってきています。さらに、日本の企業は戦後に誕生し50年以上経ている企業が多くなってきました。企業の存続は、創業5年以内に多くの会社がなくなり、50年以上存続している会社は少数と言われています。この経緯から言えば、皆さんが入りたいと思っている企業も50年位経っている企業であるとすれば、倒産する可能性があるわけです。かくいう私が勤めていた会社も、会社更生法の適用を受けました。誰もが、世界の翼と言われ、日本のフラッグキャリアとして多くのお客様を運んでいた航空会社がまさか倒産するとは思っていなかったと思います。

現実は不確定要素が多くありますが、不確定要素が多いから何もしないで、流行歌の歌詞のように時の流れるままに身を任せるというのは一見楽そうに見えますが、かなり危険なことです。例えば、地震で津波が起きるという情報を得た時、避難訓練をしている人は逃げ方を知っているので、安全地帯に避難して助かることができますが、知らない人はどこにも逃げることができず、命を失うかもしれません。

皆さんは、およそ20年生きてきた今までの時間より、社会人として活躍していくこれからの時間の方が長いのですから、自分のライフプランをしっかりと組み立てることが必要です。とりわけ、在学中からキャリアの計画を立てることは人生の成否を決める重要な作業の1つだと思います。

夢を持つことの必要性

❶セルフドリームを作りましょう

大学生に夢を持っている人が少ないということをよく言われます。「職業選びを考える」というキャリアの授業で、ホテルで働く人達のＶＴＲを見せました。その授業に出席したある学生のコメントです。

「今回の動画をみて不安になりました。ベルガールもホテルマンも自分の職についてすごく堂々と話していて、何よりも目が輝いていました。今の私は迷ってばかりだし、自由気ままに好きな時に好きなことをしている。本当は何かをしなくちゃいけないのに、それが何かわからなくてイライラするし不安になる。やりたいことは沢山あるのにどうして出来ないのだろう？　自分で自分が怖いと思う」

もう一人のコメントです。

「自分の夢について考えるのは、なぜかあまり好きではなく、遠ざけてきました。しかし、自分自身のこと、自分がやりたいことを真剣に考えなければいけない時期になっているのだと痛感しました。他人を見て、上には上がいる、私には無理だと思っていましたが、人と比べるのではなくて自分のブランドを身につけるべきなのだなと感じました。世の中には様々な考え方を持った人がいます。自分の考え方と異なった人を頭ごなしに否定するのではなく、相手の立場に立って比較して研究することができるような余裕を身につけていきたいなと思いました」

この二人の学生は、学校も専攻も違います。同じテーマで授業を行なったのですが、一人は迷っている自分にイライラしている。もう一人は、夢を見ることを避けてきたという。二人とも今の自分に迷っています。迷うことは大変良い事で、この迷いを大切にしてもらいたいと思います。しかし、迷ってばかりで悶々としていては、いつまでも、次にドアを開くことができません、そのドアを開くには、夢を持ってその夢に向かって行動を起こすことです。

人生で成功する人としない人、どこが違うのでしょうか？　なぜ、ある人は成功して、ある人は成功しないのでしょうか？　この事について、研究している人や本が、世の中には多くあります。

そもそも、成功とは何でしょうか？　広辞苑によると、①目的を達成すること、事業などを成し遂げること。②転じて、地位や富を得ること。③事業を成就した功績、とあります。

つまり、成功するには目的が必要になってきます。例えば、フィギュアスケーターの羽生結弦選手を例にとってみましょう。彼が最高得点の演技をした時、その演技に成功したことに対して、評価を得て、観客に感動を与え、自分も喜ぶことができます。普段の練習でノーミスで演技しても、周囲はすごいとは思うでしょうが、そこには感動はありません。自分自身が試合で成功するために練習しているだけだからです。彼には、「ノーミスで演技をする」という目的があり、「最高得点を出す」という夢があるからです。成功する人とは、そもそも「目的」を持ち、その目的を達成するという「夢」がある人です。

学生の皆さんでしたら、たとえばTOEICで700点を目指すとか、簿記3級を取るとか、何かの資格取得に挑戦するといったことは、実現可能な夢の1つではないでしょうか？　資格を取ることが夢ではなく、資格を取ることは自分が目指す目的に少しでも近づくために行なっている行動であり、努力という行為です。この2人の学生は、「悶々として自分がいやになる」と書いていますが、本当に真剣に自分を見つめたことがあるのでしょうか？　「夢を見ることを避けてきた」とありますが、避けてきたのは、夢を見ることではなく、努力することではないでしょうか？

夢には2つの意味があります。1つは幻覚、空想的な願望などのように、「現実的でないこと」、もう1つは、「将来実現したい願い・理想」です。ここでいう夢は、後者の「将来実現したい願い・理想」を意味します。第1章で取り上げた10傑の人達の人生を振り返っても、誰もが夢を持ち、それに向けて努力しています。常に、成功した人達の共通点は、夢を持っているということです。

キャリアプランの立て方

❶大枠を決めよう

夢を実現するためには、プランを立てなければなりません。では、どのようにプランを立てればよいのでしょうか。

プランを立てる、計画を立てる、と考えると大変な作業と感じる人もいるかもしれません。突然、プランを立てなさいと言われても、プランは現実に実行するために立てるものですから、不確定要素を含んだ将来に対して実行できないプランを立てるのなんて意味がない、と諦めてしまいがちです。

しかし、少し噛み砕いて考えてみれば、皆さんには結婚したいとか、旅行をしたいとか、少なからず将来の夢があるはずです。もし、旅行したいと思うなら、どこに行きたいかを調べる作業をするでしょう。また、行くための資金づくりをすると思います。キャリアプランも旅行と一緒です。まず、将来どんな生活をしたいか、ここからスタートして下さい。

この時に、非現実的な夢は描かないで下さい。非現実的な夢とは、本田圭佑選手のようなサッカー選手になりたいなど、小学生時代なら時間的に可能な夢でも、大学生の今、20代でかなえるには年齢的に不可能です。ここでいう夢とは、かなえられる可能性のあるものです。まず手始めに、頑張れば実現可能な、少しハードルを高くした夢が良いと思います。それが、キャリアプランの第一歩です。

プランには大きく分けて2つあります。1つはライフプラン、もう1つはキャリアプランです。ライフプランは人生全体のプラン、キャリアプランは働くことが主体です。物事の考え方は、まず大枠を考え、次に細部に分けて考えることが鉄則です。

たとえば、本を買う時、いきなり内容を見る人は少ないと思います。まずは、タイトルを見て、そのあと目次、そして目次から面白そうな部分をちょっと見て、興味があったら購入する、というステップを踏むと思います。キャリアプランを立てる時、大枠が本のタイトルになります、そこで、人生の全体のプランであるライフプランから考えてみて下さい。

質問は、「どのような自分でありたいか？」「どんな人生を送りたいか？」です。

2 セルフドリームを持とう

このようになりたいという夢を持つことは多分難しいと思います。それは、すでに現実を判断できる年齢になっているからです。小さい時には、野球選手になりたいと思ったとしても、いざ野球を続けてみると、自分よりずっと秀でている人をみて、いつの間にか野球選手は無理と考えるようになっています。そのうち周囲に流されて、気づいたら目標とする夢を持たなくなった、ということになっているのかもしれません。

そこで、再度、セルフドリームを考えてみましょう。ここで立てる夢は抽象的な夢で結構です。セルフドリームを立てる時、お手本となる人や憧れの人を想像するとわかり易いかもしれません。

ちなみに、私の憧れの人は加藤タキさんでした。皆さんにはなじみがないかもしれませんが、加藤タキさんは１９４５年生まれ、ご両親はともに国会議員で、お母様の加藤シヅエさんは日本初の女性国会議員です。マルトノマ大学ジュニアカレッジを卒業後、異文化コーディネーター、コメンテーター、文化放送番組審議会の委員など、多方面で活躍されています。彼女は、大学卒業後、帰国して英語力を活かし、多くの人との交流から文化的なイベントなどをコーディネートする仕事をはじめ、42歳で子供を産み、70歳を超えて今でも活躍されています。

私は高校生の時に彼女をテレビで見て、この人のように常に前向きで輝いていたい、「きらきらと輝いていたい」という夢をもちました。その時、なぜこの人はこんなにキラキラと輝いているのだろうと考えました。私が出した結論は、家庭に入ることなく、外で活躍して常に刺激を受けているからだというものです。お手本となる人が身近にいたら、その人を分析してみてください。抽象的で結構です。あなたの夢を作ってみましょう。

10年単位でキャリアを考えよう

❶ライフステージとライフロールという考え方

「私は、こうありたい」というセルフドリームは作れましたか？

キャリアプランを考える時に、10年単位で考えなさい、とよく言われます。なぜ、そう言われているのでしょうか？

リンゴの木を想像してください。リンゴの木には、幹があり、枝があり、実が枝についていますね。実をつける時には枝葉が必要です。最後に実をつけるわけです。実がなったリンゴの木が自分だとすると、セルフドリームは幹、いわゆる中心となる軸にあたる部分です。

次に枝を作っていきましょう。枝は、1つではなく多くの枝に分かれていきます。これを、10年単位の枝と考えて下さい。皆さんは、今までの人生の中で、誕生から始まり、七五三、幼稚園入学、小学校入学、中学入学、成人式などの通過儀礼を通して、多くの経験を積んできました。この通過儀礼をライフイベントと言います。このライフイベントは、社会人になっても続きます。通過儀礼のように想定される確実なものと、入院や昇進など想定外の突発的なこともあります。このライフイベントは人によって、年代によって、異なっていき、年齢を重ねるごとに多くなっていきます。

最後に皆さんが経験するのが、死というライフイベントです。現代のキャリア論の草分けである米国のドナルド・スーパーにライフサイクル論があります。彼の理論には、2つの概念があります。

1つは「ライフステージ」です。人生を時間軸で5段階に分け、それぞれの段階で人としての特定の課題があり、その課題に取り組むことを通じて人間的な成長を遂げていくと提唱しています。この5段階が木の枝にあたります。

もう1つは「ライフロール」です。ライフロールというのは、私たちが人生の中のさまざまな場面で担う役割（ロール）のことです。彼はこのライフロールを8種類に分けました。5本の枝

図1●ライフサイクルのキャリアレインボー図

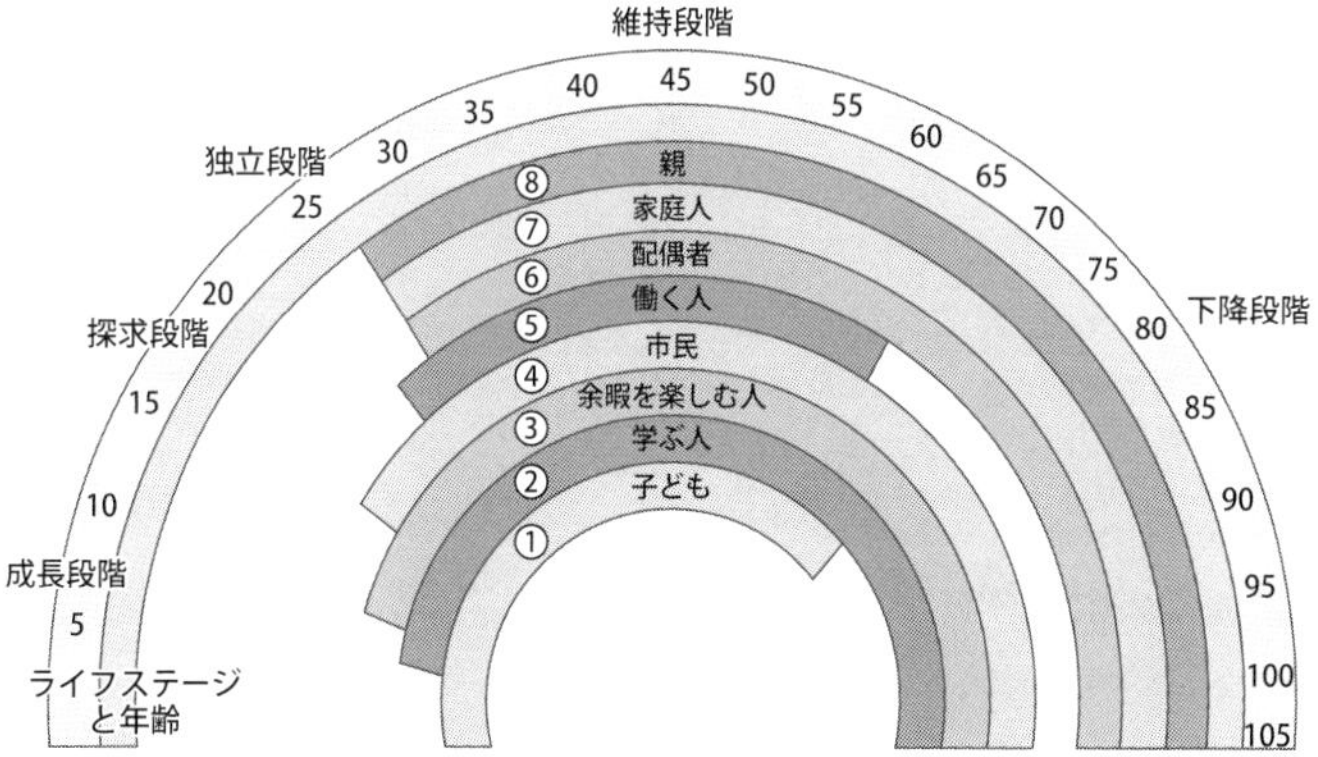

出典：Donald E. Super, Branimir Sverko, Charles M. Super, ed.,Life Roles, Values, and Careers, Jossey-Bass, 1995. より

の中で、人は立場を変えて役割を演じているというわけです。働く人であり、学ぶ人であり、子（親との関係）であり、親（自分の子との関係）であり、配偶者（結婚相手との関係）であり、また町内会の役員やボランティア活動のメンバーなど市民としての顔であり、余暇を楽しむ人である、など複数の役割を並行して持ちながら生きているという理論です。自分は、いまどんなライフステージにいるのか、またどんなライフロールを持っているのかを考えるのは、これからあなたがキャリアを設計するにあたって大変役に立ちます。

このライフサイクルを図式化したのがキャリアレインボー図（図1）です。

2 ライフデザインを立ててキャリアをデザインする

男性も女性もライフサイクルを踏まえてキャリアをデザインすることが重要ですが、特に女性はライフデザインを考えなければいけないと思います。なぜなら、女性は社会に出ても出産、育児などでキャリアを中断する可能性があり、男性と大きく異なるからです。さらに、子どもはいつでも産めるものではなく期限があるので、その点も考える必要があります。

最近、女子学生から早く結婚がしたいという言葉を聞きます。「なぜ、結婚をしたいのか？」と訊くと、「専業主婦がいい、家でグダグダしていたい」と言います。結婚を考える多くの女性が相手に望む条件の最低ラインが、年収600万円だそうです。しかし、「婚活」という言葉を作った白河桃子《とうこ》さんによると、東京在住の25～34歳の未婚男性のうち、年収が600万円以上ある人は、わずか3・5％にすぎません。家で三食昼寝付きという時代は、皆さんのご両親の時代です。

10億円の宝くじが当たったのなら別ですが、平均4人（子ども2人）の家族で、1人の子どもを大学まで行かせるためにかかる費用（高校から私立の場合の学費と養育費）は約3000万円で、2人分として必要な費用は約6000万円です(5)。平均生涯獲得賃金は約2億円と言われています。家の購入などを考えると、老後の生活を安定させるためには夫婦2人で働く必要があると言われています。そのためにも、現実を見据えたうえで、可能な夢を描くことが必要です(6)。夢を現実にするための計画には不確定要素が多くありますが、ものごとは常に変化しているわけですから、その場その場の臨機応変の対応で方向転換する舵とりが必要となってきます。

3 外部環境に興味をもつ習慣をつけよう

それぞれのライフイベントは、年齢や外部の経済環境や家庭環境などにも左右されます。たとえば、1960～80年代は一億総中流社会時代をめざし、給与のベースアップもあり「輝ける未来の時代」でした。90年代のバブル崩壊後は「不透明な時代」、現在は新興国勢力が台頭し、情報のスピード化と情報共有のグローバルな時代へと変化しています。

日本は少子高齢化社会に伴い、政府が「一億総活躍時代」を提唱し、定年が60歳から65歳へと延長しつつあります。人は年をとっていくことを避けるわけにはいきませんし、社会と共存する限り、私たちは外部環境の影響を受けざるを得ません。そのためにも、ニュース番組をみたり、新聞を読んだりして社会情勢に関心を持ちましょう。

私の知人に、自分の寿命を想定し、毎年、計画の棚卸しをしている人がいます。そこまで細かくする必要はありませんが、これを機会に自分の計画の棚卸しをしてみましょう。

組織の中の個人という立場の考え方

人は企業などの組織で働き、組織の中の個人として一定の段階で成長を遂げていきます。米国

表2 ● E.H.シャインのキャリア・サイクル論

発達段階	概要
1.成長・空想・探究 0～21歳	職業を選択するために、自分の価値観を見つけ、能力を開発するための教育を受け、体験を重ねる準備段階にあたる時期。
2.仕事の世界へのエントリー 16～25歳	初めて組織に入り、職業に就く時期。組織における仕事の仕方を学びながら、自分の立ち位置・役割を見出そうとする。
3.基本訓練 16～25歳	実際に仕事に取組み、困難に直面しながらも乗り越え、徐々に組織メンバーとして定着していく。
4.キャリア初期 17～30歳	責任のある仕事も徐々に任されるようになる。独立を求める自己と従属させようとする組織の葛藤が生じやすい時期でもある。
5.キャリア中期 35歳以降	組織の中で明確な立場を確立していく時期。スペシャリストかジェネラリストかの方向性が決まる重要な時期でもある。
6.キャリア中期の危機 35～45歳	仕事を通じて、自分の価値観や能力をより明確に理解する時期。再認識した価値観を重視するか、現状に留まるかの葛藤が生じやすい時期でもある。
7.キャリア後期 40歳～引退	十分な経験を積み、後輩育成など指導者的立場を担う時期。
8.衰えおよび離脱 40歳～引退	能力のミスマッチや体力・影響力の衰えにより、組織から少しずつ距離を置き、引退の準備を考え始める時期。
9.引退	後進に道を譲るため引退をする時期。それに伴う様々な変化を受け入れ、新しい生き方を模索する時期。

出典：E.H.シャイン『キャリア・ダイナミクス』（白桃書房、1991）より著者作成

の心理学者エドガー・シャインは、組織と個人のキャリアの関連性を踏まえ、仕事・キャリアのサイクルにおいて、9つの発達段階とそれに応じた課題を整理しています。表2がシャインのキャリア・サイクル論です。

この理論は、人が基礎を形成しながら成長し、社会人としてのキャリアを固め、職業人として段階的にキャリアを積み重ねていくプロセスを表わしたものです。人は、自分のキャリアの発達段階がどの時期なのか、その時期には何を期待されているのかを考え、自覚しながら、意識的に毎日を過ごすことが重要だとしています。かつて

の高卒から大卒へと、時代によって仕事の世界へのエントリーの時期が後ろ倒しになり、今後の定年制度の延長で引退の時期が遅くなるなど、現代では時間軸において若干のズレはありますが、個人成長段階と組織で求められるプロセスとその課題を把握しておきたいものです。

このような背景を持ちながら私たちはこの世の中を生きています。10年のスパンで物事を考えていくのが良いでしょう。

◎問題

①今までのライフイベントを挙げてみましょう。
②これからのライフイベントを挙げてみましょう。
③今のあなたのライフロールは何でしょう?
④第1章の10傑の中で、心に残った人のライフステージをドナルド・スーパーの5段階で分析してみて下さい。

【注】

(5)内閣府インターネットによる子育て費用に関する調査ならびにAIU保険等の数字にばらつきがあったため、平均をとった数字を記載。
(6)日本では勤続年数が賃金に反映されるケースが多いため、転職を経験すると過去の勤続年数が一度リセットされます。その結果、転職を経験した人よりも、同一企業で定年まで勤務した人の方が、総賃金は高い傾向にありますが、今後、働き方や退職金の制度の変化により、この傾向も変わると考えられます。

第5章

自己分析の重要性

人生の転機をいかに迎えるか

第5章では、キャリアに対する考え方をライフステージの理論を踏まえた上で説明していきます。人生には、さまざまな転機があります。組織の中で多くの人が、ある一定の年齢に来るとおとずれる昇格や出向[7]などの転機もあれば、家族の中での役割の転機（妻から母親、夫から父親等）、また、キャリアアップによる転職などの転機もあります。

現在、皆さんは学生から社会人への転機を迎えていますが、この転機は人生の中の一大イベントとして捉えてもよいと思います。とはいえ、就職はほとんどの人が経験する転機であること、また、社会に出るということは漠然としていてイメージし難いため、大学入試ほど真剣に捉えることをしていないか、または、真剣に考えることを先延ばししている傾向にあります。社会に出るということ、社会人になるということ、このスタートをもっと真剣に捉えるべきです。そして、人生の転機をスムーズに移行したいものです。

ここでは、転機をスムーズに移行するためにどのようにしたらよいか、一つの方法をお伝えします。

❶スムーズに移行できる人、できない人

ある転機が来た時にスムーズにできる人とできない人がいます。学生の皆さんで言えば、就職が決まる人となかなか決まらない人、ということになります。決まらない人には、ある共通点があります。

①自分の強みと弱みをわかっていない
②企業が求めているニーズとあっていない
③現在おかれている状況を把握していない

以上の3点は、社会人基礎力でいえば状況把握力になります。


皆さんは、「孫子の兵法」を知っていますか？　兵法の1つに、「彼を知り己を知れば百戦殆《あや》うからず。彼を知らずして己を知れば一勝一負す。彼を知らず己を知らざれば、戦う毎に必ず殆し」という格言があります。

『孫子』とは、中国春秋時代の思想家・孫武の作とされる兵法書で、古今東西の兵法書のうち最

も著名なものの1つです。その中に、この言葉があります。これは、「敵と味方の情勢を知り、その優劣短所を把握していれば、たとえ百回戦ったとしても敗れることはない」ということを意味しています。

この『孫子』の兵法に言われている格言と先にあげた3つの共通点を比較すると、「彼を知り」は、相手、つまり企業のニーズを知る。自分が就職を希望する企業がどのような人材を必要としているか、自分が生涯を通じて働きたい環境がある企業なのかどうかなどを知るということです。また、現在は就職しやすい状況なのか、就職が厳しい時代なのか？　いつから就活はスタートするのか？　等々、自分がおかれている状況を把握することです。

「己を知れば」は、自分の強みは何か？　その企業の仕事内容とマッチする人材か？　そのうえで自分の能力で不足しているものは何か、などに当たるでしょう。転機をスムーズに移行できる人は、己をよく知っている人、できない人は己を知らない人、ということになります。就職を決めたいと考えるのであれば、まずは、己、つまり自己を知ること＝自己分析からスタートしましょう。

ここで、自己分析に関して重要な3つの事例を紹介します。

事例①

私の大学では、就活シミュレーションという就活対策講座を学科で実施しています。これは、企業への就活の流れを経験するもので、内容は、企業のエントリーから始まり、ES（エントリーシート）を出し、実際、企業の人事の方に来て頂いて面接、グループディスカッションをして最終的に内定を出す、という一連の流れを体験するプログラムです。プログラムの最後に、企業の人からコメントを頂くのですが、どの企業の方も毎回同じことを言います。

それは、「皆さん、自己アピールが下手すぎます。面接は落とすためのものではなく、企業側は皆さんをよく知りたいと思っています。そのための面接やグループディスカッションなのに、自分をアピールしきれていない人がほとんどです。『私はこのような人物で、貴社のニーズにあった人材です。私を採用しなければ損ですよ』というくらい、自分をアピールして欲しいと企業側の面接官は思っています。そのためには、自分のことをもっと分析して下さい」というものです。

皆さんが如何に自分のことをわかっていないか、相手のニーズを察知していないか、ということがわかるのではないでしょうか。

事例②

ホテル勤務を希望している学生で就活シミュレーションを3回受験した学生がいます。その学生は、話し方もゆっくりで、印象はおっとりとしています。性格は頑張り屋さんで、内面はしっかりとしていますが、少し、マイペースなところがあります。2回のシミュレーションは、東京の某有名シティホテルの入社試験を想定し、面接官はそのホテルの人事担当者でした。彼女は、前日にも練習をしましたが、結果は、惨敗。内定を取ることができませんでした。面接官からは「覇気がない、業界分析や企業分析をしっかりしなさい」という辛口の評価でした。

3回目のシミュレーションは、那須にある高級リゾートホテルの入社試験を想定し、その企業の人事の方に来て頂きました。今度もだめだと本人は思っていましたが、内定を獲得。「彼女はリゾートホテルに必要とされる性格を持っています。トレーニングすれば、リゾートホテルに相応しい素晴らしいサービスをしてくれる人材に育つでしょう」という面接官の高評価を得ることができました。

同じ人が受験して、どうしてこのようなコメントの違いが出るのでしょうか？　面接官が異なるからではありません。企業が求める人材のニーズが違うからです。シティホテルを利用するお客様の目的はビジネス、観光、遊び、結婚式など多彩です。特に、時間に追われるビジネスマンにとっては、スタッフのきびきびした対応が必要です。

実際、シティホテルの朝のチェックアウト時などはかなり忙しく、対応に追われるという場面も多々あります。それに対して、リゾートホテルの利用目的は、リゾートという名前からもわかるように、お客様は癒しを求めてホテルを利用します。そのため、シティホテルとは逆に、ゆったりとした時間と雰囲気をお客様に与えるサービスができる人材を求めています。つまり、内定を取った彼女の性格は、リゾートホテル向きだったといえるでしょう。

このように、仕事を選ぶというのは、ただやってみたい、その企業が有名だから、その企業に憧れがあるから、ということで選択しても、企業の社風や企業が求めるニーズによって選考規準が異なります。この学生のケースは、彼女の性格と企業のニーズがマッチして、3回目のシミュレーションで内定を得ることが出来たということになります。

もし、彼女がシティホテルを受験して、内定が決まって働いた場合、彼女の性格と相反した仕事をしなければならず、ストレスが溜まるかもしれません。一方、リゾートホテルの場合は、彼女の性格をフルに活かしながら楽しく働き、新しい自分を開花させることが出来るかもしれません。このように、自分の性格や強みを知ること、そして企業側のニーズを知ることは、「孫子の兵法」の「彼を知らずして己を知れば一勝一負す」そのものではないでしょうか。

事例③

企業に勤めながら学ぶ社会人大学院があります。そこで学んでいる人達の目的はさまざまですが、社内で今よりもよいポジションを狙うことや、スキルアップをして転職しようと考えている人が多いと思います。そのような集団の中で、転職をスムーズにできた人とできない人がいます。企業で仕事をしながら昼は企業人、夜は学生と2つの役割をもちながら学ぶのは、かなりハードです。社会人大学院は、課題も多く、毎週宿題をこなさなければならない授業もかなりあります。

それを2年間続けるわけですから、かなりハードです。ましてや、2年目は卒業論文を作成しなければなりません。大学の卒業論文と比較すると、データ収集をして先行研究をしっかりと論じなければならないので、寝る間を惜しんで勉強しなければなりません。

Aさんは大学院を卒業後、再就職をしたいと考え、企業を退職して学生になりました。Bさん、Cさんは、大学院の勉強を続けながら、転職のための活動をしていました。さて、結果はどちらの学生がスムーズに思い通りの転職をすることができたでしょうか？

Aさんは、無事、卒業は出来ましたが、仕事探しに苦戦しました。半年後に転職をしましたが、自分の思っていた仕事内容と収入が合わないという理由から、再度転職をしてやっと落ち着きました。Bさんは、大学院在籍中に、Cさんは、卒業後1年経ってポジションと年収をアップし、転職に成功しました。

この両者の違いは何でしょうか？　転職も就活の1つですから、履歴書を企業に提出します。Aさんの履歴書は、履歴の最後が「○○企業退職　現在に至る」になり、Bさん、Cさんは、「○○企業在籍中」となります。企業側は、この2つの履歴書をみて、どちらを優先して採用したいと考えるでしょうか？

企業側としては、やる気があり、企業が望んでいる能力のある人材が欲しいわけです。新卒採用と転職にはどのような違いがあるでしょうか。新卒に対する面接官の質問は「あなたは大学で何をやってきましたか？」になりますが、転職の場合「あなたは何ができますか？」になります。

「を」と「が」の違いですが、そこに重みがあります。

転職というのは、それまでのキャリアの実績を聞き、採用側は不足している部分を補うのに必要としている人材を獲得するわけです。一方、新卒は、企業側が求める適性がありそうだという人材をまずは確保し、入社後に必要な企業文化、組織文化を教えます。つまり、転職の場合は、即戦力を求めているわけですから、企業に勤めながら大学院に通い、なおかつ転職活動をしているという人材はパワーがあると判断するのではないでしょうか。逆に、途中で大学院の授業に集中するために退職した人は、両立できない人材と映ったかもしれません。

このように自分を知り、自分がいる現状を把握し、相手のニーズを知ることにより、より良い結果を生み出すことができます。そのためには「自分は一体何が得意か?」「何をしたいのか?」など、自己分析をし、そして相手（企業）の分析をした上で、戦略と戦術を立てることが必要です。

自己分析手法

1 SWOT分析

SWOT分析とは何か、経営学部の学生は授業で聞いたことがあると思います。SWOT分析とは、企業が自社の事業の現状分析からビジネス機会を明らかにし、事業戦略やマーケティング計画を決定する際に用いられる分析手法の1つです。これを自己分析にも当てはめて考えることができることから、最近、就職にもSWOT分析を使って自分を知り、企業を知ったうえで、プランを立て、就活にのぞむ方法が取られています。

❷SWOT分析の考え方と方法

SWOT分析のSWOTとは、

S（Strength／強み）

W（Weakness／弱み）

O（Opportunity／機会）

T（Threat／脅威）

の意味です。

SWOT分析のSWOTの各要素は、企業の内部環境と外部環境に分けられます。内部環境とは、自社でコントロールできる要素であり、具体的に言えば、強み（S）と弱み（W）に当たります。

外部環境とは、政治動向、規制、経済・景気、社会動向、技術動向、業界環境の変化や顧客ニーズなど、自社の努力で変えられない要因を指します。これら外部環境を分析して、機会（O）と脅威（T）を導き出します。

個人に置き換えてみるとS・Wは、自己の長所、短所になります。

個人の場合、外部環境のO（機会）は、志望する仕事に活かせること、T（脅威）は、志望する企業に対して自分の強み・弱みに障害になることです。脅威という言葉がイメージしにくい人は、障害という言葉に置き代えても構いません。

皆さんは攻める時、何も考えないで攻めていく人はいないと思います。自分より強い相手に挑戦する時は、なおさらしっかりと戦略を立てるでしょう。特に、自分の強みになる武器を使って攻めた方が勝利の確率は高くなります。しかし、いくらよい武器を持っていても、その武器を使う機会に恵まれなければ単なる飾りもので終わってしまい、威力を発揮することはできません。

さらに、外部環境に支配されることもあります。たとえば、今まで企業は、管理職に関しては男性社会と言ってよかったと思います。しかし近年、日本の政府は、女性管理職を増やすように指導しています。女性の活躍の場が増えたという環境変化により、女性に有利になることがあります。そのような外部環境と相手の状況を知ることにより、自分に弱みがあったとしても勝つことができます。

就活は、自分を売り込んで、企業と自分がお互いにWIN／WINの関係を構築していくことです。相手が必要としないモノを売り込んでも、買ってくれません。相手に買ってもらえるように、自分はどのようなことが出来るのか、自分を採用すればあなたの会社はこんなに得をしますよ、それほど私は将来有望ですよ、ということを簡潔に言えるように、自分自身の整理をするという〝棚卸し〟が必要です。

戦略実践編

ここでは、前章で述べたことをふまえて、どのような自己分析をしたらよいか、私が作成した「夢をかなえるSWOT分析シート」を使って実際に自己分析をやってみましょう。

ここでは、「夢をかなえるSWOT分析シート1」と「夢をかなえるSWOT分析シート2」の2種類を使います。1は自己分析用、2は企業分析用です。

「夢をかなえるSWOT分析シート1」は、たんに自己分析をするのではなく、自己分析後に、夢（職業）をかなえるために必要な能力や方法を考え、実行するまでのツールとして使います。

あえて、ここで、「夢をかなえるSWOT分析シート1」としたのは、就職のためだけに使うのではなく、実際に自分のやりたいことを実行するためのツールとしても使えること、また、就職とは自分のやりたい人生の「点」にすぎないので、これを使って最後に自分の目指す夢をかなえて頂きたいためにこのネーミングにしました。

❶なりたい自分を考える

第4章で述べたように、まずは、なりたい自分をイメージして、ビジョンの項目を考えてみましょう。

①ライフプランの考え方

ライフプランは漠然としていてもよいと言いました。自分のあるべき姿、自分の人生を送るうえでの価値観を考えて下さい。質問は、「どのような人生を送りたいですか？」です。

もし、この問いに対して、あなたが気が進まないなら、それは、今の自分と向き合いたくないからではないでしょうか？　いつかは向きあわなければいけない時が来るのです。やるしかありません。人間は生まれながらにして強い生き物ではないので、無意識に辛いことから逃げる傾向にあります。しかし、「辛い」という字の頭の鍋蓋に一本線を引くと「幸」という字になります。芯を入れると幸せになれる、とゴルゴ松本さんも言っています(8)。

いつまでも学生でいることはできません。いつかは現実を直視しなければなりません。「若い時に、もっと、しっかりと考えて仕事を選べばよかったなぁ」と後悔しないために、ここで、自分に向き合ってみましょう。

質問「どのような人生を送りたいですか？」

「あなたは人生に対してどのような価値観を持っていますか？」

②キャリアプランの考え方

キャリアプランは、できるだけ具体的な方がいいです。具体的というのは、どのような職業につきたいかではなく、どのような働き方をしたいかを記入します。もし、自分が目指すお手本の人がいれば、その人はどのような人か？　たとえば、バリバリと働いて仕事をこなし、30歳でマネージャー、40歳で課長、50歳で部長、家庭と両立している。海外で仕事をこなしている人、等々です。

質問「どのような働き方をしたいですか？」

2 自分のSWOT分析を行なう

今までの経験を踏まえて、強み（S）、弱み（W）、機会（O）、脅威（T）を書き出しましょう。特に、脅威（障害）に関しては、自分の大学時代に出来ずに終わったことや、トレンドとして自分を脅かすもの、法律などがあげられます。

表1 ● 自己分析SWOTの例

夢をかなえるSWOT分析シート　1

V ビジョン	ライフプラン	一生涯現役で社会と関わってキラキラと輝いていたい
	キャリアプラン	海外を相手に活躍したい、男性と同じように働きたい
SWOT	S　強み	W　弱み
	社交的	油断や思い込みがある
	年代を問わず人と話すのが好き	会計等ファイナンス力
	英語が得意	整理力
	外国で一人でも行動できる（ストレスに強い）	緻密性・正確性
	チームで作り上げることが好き	細かい作業
	アイデア志向である（企画力がある）	同一作業・静止作業にあきる
	挑戦力が高い（新しいことに挑戦するのが好き）	他の女子大生と比較すると大学の成績が悪い
	目標達成への執着心がある	4年生の夏までインカレと合宿で就活に出遅れる
	周囲の状況を分析する癖がある	
	面倒みが良い	
	物事に動じない（沈着冷静）	
	リーダーシップ力	
	体力・持久力がある（大学インカレで全日本優勝）	
	O　機会（外部環境）	T　脅威・障害（外部環境）
	客室乗務員という採用枠あり	男女雇用機会均等法以前で、男女の格差があり
	成田空港近郊に親が家を買う	短大女子の就職率高く、大学4年生女子の就職率が低い
	父親の知り合いで航空関係者がいて話が聞ける	女性の主たる仕事は男性の庶務（コピーやお茶出し）
		結婚したら退職の風潮
		女性の仕事は腰掛業務
		CA希望が多い
		航空三社が同日試験日
C 能力		
P 計画		

著者作成

私が在籍していた航空会社を例にとってみましょう。私は１９８０年代に社会人になりました。その頃の日本の雇用環境は、短大の就職率はよかったものの、大学4年女子の就職率はよくありませんでした。また、女性は結婚したら辞めるものという風潮がまだまだ残っており、総合職と一般職とに分かれ、女性もそのことを望んでいた時代です。

そのような環境のなか、私は大学のクラブ活動で水上スキーに熱中し、大学生時代に自慢できることは、大学インターカレッジで学生日本一になったことぐらいで、成績は決して良いとは言えませんでした。

これをＳＷＯＴ分析で自己分析をすると表1のようになります。

3 希望する企業のＳＷＯＴ分析を行なう

次に企業のＳＷＯＴ分析をします。

内部要因は、経営資源、マーケティング力、営業力、技術力、チャンネル、人材、ブランド力、製品、品質、評判、生産力、プロモーションなどから考えます。また、雇用環境などを入れてもよいでしょう。

外部環境は、景気動向、法律の変化、自然環境、社会的価値、技術改革、為替相場、供給業者、中間業者などを見据えたうえで、考えられることを列記します。今の時代とは逆で、女性が活躍する場がまだまだ希少で法律も整っていなかったため、パイロット・整備は男性限定など、私の

表2●企業分析SWOTの例

夢をかなえるSWOT分析シート2 （企業分析）

S 強み	W 弱み
客室、地上ともに女性の仕事が確立されていた	国内線の路線が少ない
サービスに定評があり、フラッグキャリアとして確立	保守的な社風
育児休暇が取得でき、復帰制度がある	組織の巨大化
女性の活躍の場の可能性がある	人件費
海外でグローバル展開をしている	高齢化の予兆
教育システムがある	
離職率が低い	
O 機会	**T 脅威・障害**
高度経済成長によって一億総中流社会	航空機事故
海外旅行の大衆化	航空法による規制
旅行ブーム（路線の拡大）	男性限定 の職種（パイロット・整備等）

著者作成

場合は女性の社会進出の場がないというのが脅威（T）になります。

今なら、一億総活躍時代、企業で女性管理職増加を目指す、という社会環境が私にとっては機会（O）となりますが、この時代はなかったので法律が脅威になります（表2）。

4 マッチングを考える

最後に、自己分析SWOTと企業分析SWOTを比較して、自分がこの企業に合っているかどうかを比較検討します。有名だからとか大企業だから給料が良い、など主観的な部分を取り除いて、客観的に合っているかどうかを確認しましょう。さらに、自分の人生のビジョンの目標に近づくことが出来るかどうかも検討しましょう。

私の場合は、まず、生涯現役でキラキラと

輝くこと、海外で働くこと、男性と同じような仕事をしたいというのが人生のビジョンの三本柱でしたから、この航空会社の働く環境は自分と合致していると考えました。本当は、男性と同じパイロットになることが希望でしたが、それは法律上、不可能でした。また、総合職という観点からいうと、その当時、もし、採用されたとしても活躍する可能性が低いこと、当時の自分の大学の成績からすると、総合職は難関で書類選考で落とされる可能性があること、グランドホステスは空港勤務で海外に行く機会は少ないと考え、客室乗務員という選択になったわけです。

5 プランを立てる

自己分析、企業分析をして満足していてはいけません。この分析で、自分がどのような業界に行きたいのか、自分なりの企業のマッチングが出来たら、到達するための必要項目を書き出しましょう。

たとえば、その企業で必要とされる能力（Competency）をCの欄に書き出します。能力という英語にはAbility、Capability、Capacity、Proficiency、Talent、など、多くの単語があり、それぞれ、使われる意味が異なります。ここで、あえてCompetencyを使ったのは、Competencyの意味が「あることを達成するのに人を凌ぎ最善を尽くす力量の『能力』」であり、企業で新人に求められる能力の1つなので、ここではCompetencyを使うことにします。

すでに、強み（S）で自分に備わっており、企業側とのニーズも合致している場合は、その点

SWOT自己分析表

夢をかなえるSWOT自己分析シート　1

年　　月　　日　　　氏名　　　　　　企業名（業界名）

<table>
<tr><td rowspan="2">V ビジョン</td><td>ライフプラン</td><td></td></tr>
<tr><td>キャリアプラン</td><td></td></tr>
<tr><td rowspan="2">SWOT</td><td>S　強み</td><td>W　弱み</td></tr>
<tr><td>O　機会</td><td>T　脅威</td></tr>
<tr><td>C 能力</td><td colspan="2"></td></tr>
<tr><td>P 方法</td><td colspan="2"></td></tr>
</table>

著者作成

をさらに強化するような努力をします。弱みを克服することに一生懸命努力する人がよくいますが、弱いところを強くするのは、そもそも自分が嫌いなことにあえて挑戦することになります。それよりも、強いところをさらに強くすることによって、弱みも強みに変わっていきます。それは、強みと弱みが背反するものだからです。

Cの欄に不足の能力を書いたら、その能力を克服するための方法をPに書きましょう。その時、強みをさらに高める方法も忘れないで記載してください。

◎問題

①「夢をかなえるSWOT分析シート1・2」を使って、自己分析SWOTをつくり、希望する企業、興味がある企業のSWOT分析をしてみましょう。最後に、C能力とP計画を入れてみましょう。

②実行プランを最終ゴールから割りだして、細かな計画表をつくってみましょう。

明学OB、Kさんの話

私は明治学院大学で「キャリアデザインI」という授業を担当しています。この授業は明学OBの実務経験者が実務と学問の融合の重要性を説きながら、学生たちに将来のキャリアプランを創造させる人材育成講座です。

授業の到達目標は、

①自己の将来への気づきと現在の自分の振り返り

②学生が自らの職種・業界・企業選択の「軸」を明確にする

③活躍している同窓生の話を通じて、多面的な将来像を描くきっかけ作りと、明学生としての自信とモチベーションを高めること

以上の3点です。

この授業では、私がキャリアデザインについての講義を半分行ない、残りの半分は社会で活躍している明学OBの方々にゲストスピーカーとして話をして頂く、という形式をとっています。

そのゲストスピーカーの一人のKさんは、2008年に社会学部を卒業、大学時代は、空手道部に所属していました。空手が大好きで、大学時代、社会に出る不安もあり、何をしていいかわからない悶々とした日々を過ごしていて、就活になかなか手をつけることができず、空手に熱中していました。いざ、就職という時に、自分が通っている空手道場の先生から、空手の雑誌を出している出版社で人を探しているからやってみないかと声がかかったそうです。空手に関わる仕事ができるとあって、Kさんは喜んでその出版社に入社しました。入社後、空手の試合の取材などで世界中を飛び回り、現在は雑誌の編集長として活躍しています。大学時代に英語を専攻していたわけでもなく、留学経験もありませんでしたが、試合で海外の人と接する機会があり、英語

力を身につけていったということです。

Kさんは一方で、世界空手連盟事務総長事務所秘書という顔を持っています。2020年度の東京オリンピックで5種目の競技が追加されることが決定し、空手をオリンピック競技種目として招致するために、オリンピック協会に働きかける仕事を担っています。

彼女の話で印象的だったのが、次のような内容です。

「学生時代、なぜ試合に負けていたのか？　どうしたら勝てるかを常日頃、考えていました。そこで考えついたのが、強みを活かすということでした。弱いところを練習してもなかなか上手くはならないので、嫌になってしまいます。しかし、好きなことはどんなことでもできるし、我慢することができる。好きなことを練習していると、いつの間にか弱かった部分も強化されているのに気がつきました。空手の試合で負けることがあり、『負け』を分析することで、大学時代に自分流の勝負論を確立しました。

この勝負論のポイントは、戦略と戦術の2つです。私なりの戦略は、強みを伸ばすこと。失敗することではなく、成功することが目的であるという考え方です。そのための戦術としては、目標設定、集中力、体調管理、優先順位、プラス志向、重圧をはねのける、自信のつけ方を学ぶ、緊張感を解くなどです。

これは、社会人になっても活かされています。試合と同様、仕事には期限があります。まず、戦略をたて、その期限までに終わらせるためにはどのようにしたらよいかという戦術を立て、編集のためのインタビューなど相手から多くの情報を聞き出すための施策を考えます。インタビューには、大学時代に社会学部で学んだフィールド調査の経験を活かすことができ、大学生活が無駄ではなかったと痛感しています」

彼女の話を聞いていると、大学時代から分析をする癖がつき、計画（Paln）・実行（Do）・評価（Check）・改善（Action）の行動サイクル（社会学で「ＰＤＣＡサイクル」と呼び、重要とされている行動）を上手く廻しながら成長し続けているのを感じました。それが、周囲の人間関係を強固にし、チャンスを掴むことができるプラスの循環サイクルが発生し、成功する要因となっているのではないかと思います。

【注】

（7）出向は、①子会社・関連会社への経営・技術指導、②従業員の能力開発・キャリア形成、③雇用調整、④中高年者の処遇など、さまざまな目的で活用されています。

（8）ゴルゴ松本『あっ！命の授業』（廣済堂出版、２０１５）

第6章

キャリア・トランジションという考え方

いつでも船を乗り換えることができる

キャリアを人生の旅と考え、世界一周の船旅をあなたは選んだとしましょう。日本を出発して最終寄港地の日本に到着するまで、あなたの旅は続きます。

仕事を船旅にたとえれば、最初のスタート地点である日本を出発する時は、大きな豪華客船に乗ることも、中ぐらいのボートで日本を転々とまわりながら準備ができたら大きな客船に乗って海外に出発することも、選ぶのはあなた次第です。また、ある船着き場に行ったら、周囲の島を探索するために小さなボートに乗り換えて色々と経験し、また、その経験を活かして大きな豪華客船に乗り換えることもできるのです。

どちらが良いかは、過ぎてみなければわかりませんし、その人の価値観によるでしょう。しかし、乗り換えの方法を間違えれば、船に乗り遅れることもあるし、乗り遅れた場合、次の船に乗るしかありません。定期便なら、次の船の到着時刻もわかりますが、不定期便の場合は、次にいつ来るかもわかりません。ここでは、不定期便に乗りつぐための準備について考えてみたいと思います。

キャリア・チェンジとキャリア・トランジション

1キャリア・チェンジ

キャリア・チェンジとは「仕事を変える」という意味です。いわゆる転職ですが、ビジネス用語でいうキャリア・チェンジは、これまで経験・習得してきた職務内容から、全く別の経験のない職務内容へと変わることを言います。つまり、転職には2種類あり、自分の経験をそのまま活かして同じような職業につくことを一般的な転職というのに対し、職務内容を変えた転職のことをキャリア・チェンジと言います。

たとえば、私のように、客室乗務員から大学の教員への転職などがキャリア・チェンジに該当します。

「10年後、あなたはどうなっていたいですか」という質問を就職の面接では聞かれます。こういう質問をなぜするのでしょうか？　企業側は、あなたが目標を持って人生を歩んでいこうとしている人か、目標があるなら目標達成までのプロセスをどのように考えているのかを知りたいのです。なぜなら、企業は常に目標を持ち、その目標に向かって進んでいます。この行動が組織人として必要とされています。自分のことができなければ、当然、組織人として同様の行動がとれないと考えるわけです。

では、もし、あなたが目標を持っていて、その目標が達成できない時、どうしますか？　また、企業から転勤命令が出て、転勤先の仕事が今までと異なり、どうしてもその仕事に対してモチベーションを上げることができない状態になった時、どうしますか？　その職場を辞めますか？　それとも、我慢しますか？

人生には思いがけないことが起きます。良いこともあれば、悪いこともあります。それがあるから人生は楽しいのですが、このような時に、どのように対応したら自分が良い方向に向くかという理論が、米国の心理学者、ジョン・クランボルツの提唱する「計画された偶発性理論」です。

この理論では、個人のキャリア形成をもっと幅広くとらえ、「人生の8割が予期しない出来事や偶然の出会いによって決定される」と考えます。船旅が人生ならその予期しない出来事が不定期便で、この不定期便をただ待つだけでなく、自ら創り出せるように積極的に行動したり、周囲の出来事に神経を研ぎ澄ませたりして、偶然（不定期便）を意図的・計画的にステップアップの機会へと変えていくべきだ、というのが同理論の中心となる考え方です。

これを実践するために必要な行動指針として、クランボルツは次の5つを掲げています。

①「好奇心」：たえず新しい学習の機会を模索し続けること
②「持続性」：失敗に屈せず、努力し続けること
③「楽観性」：新しい機会は必ず実現する、可能になるとポジティブに考えること
④「柔軟性」：こだわりを捨て、信念、概念、態度、行動を変えること
⑤「冒険心」：結果が不確実でも、リスクを取って行動を起こすこと

何回も人生を繰り返すことができるなら別ですが、1回きりの人生なら、我慢をするより、自分のやりがいを求めて自分の職務をデザインしなおすという方法もあります。ただ、デザインしなおすといっても、辞めることは簡単ですが、すでに成人しているあなたは、親から独立しているわけですから自分で生活していかなければなりません。そのための一定収入がなければいけないわけですから、そう簡単には仕事を辞めることはできないと思います。次の仕事先を見つけてから辞めることが出来れば理想的ですね。

ところで、転職は簡単にできるものなのでしょうか？

どのくらいの人が転職を希望しているかというと、2012年6月現在のデータ（総務省統計局「労働力調査（2012年7月31日発表）」）によると、日本の就業者は約6300万人です。内訳

は雇用者（企業などに雇用されている労働者）約5550万人、自営業者が約750万人（家族従業者含む）です。完全失業者は約290万人、転職希望者（就業者のうち転職希望者）は610万人で、そのうちの求職者（実際に求職活動を行なっている人）は約255万人。中途採用でターゲットとなるのは、転職意向が顕在化した約545万人（失業者約290万人＋転職希望のうち求職者約255万人）、もしくは転職潜在層まで広げた900万人（失業者約290万人＋転職希望者約610万人）となり、全就業者の9・6％、約1割の人が転職を希望しているということになります。

ここで気をつけなければいけないのは、大卒の就活と既卒の就活は、企業側が求めているものが違うということです。既卒の場合、企業側は必要な能力を持っている人を望んでいるわけですから、いくら自分が望んでも企業側のニーズに合わなければ転職できないということです。

2 キャリア・トランジション

キャリア・トランジションという言葉は、一般的には聞きなれないかもしれません。ここでいう「キャリア」は職業生活だけではなく、家庭生活、社会生活なども含む個人の人生におけるあり方として使っています。キャリア・トランジションとは、今までの経験を活用してキャリアを変える転機＝ターニングポイントをいいます。

ドナルド・スーパーが「キャリア発達理論」でいうように、人々は共通するライフイベントや課題を乗り越えながら発達段階（ライフステージ）に移行していくわけです。トランジションとは

「人生の節目」のことであり、「過渡期」や「転機」とも呼ばれます。具体的には「進学」「就職」「結婚・離婚」「転職」「死別」など、物事が大きく変化する時期を指し、人生のターニング・ポイントになる、キャリアを考える上で重要な出来事です。誰もが直面し、変化し、成長していくために乗り越える必要のあるものとされています。また、前述したクランボルツのいう「計画された偶発性」もあります。

キャリアの転機には、様々な選択肢の中から自らの意思で1つの方向を選び出す、というプロセスが伴います。第1章「グローバルキャリア10傑」の人たちも、キャリア・トランジションを経験しています。トランジションを行なう時は、その時に置かれている状況と個人が望むゴールに対して多くの葛藤があり、それを転換していくことが10傑を読むとよく理解できると思います。

ここでは、皆さんが就職をした後のトランジションについて述べていきたいと思います。

10年後に後悔しないために何をなすべきか?

最初の就職先がすべてではないといいましたが、勘違いをしないで頂きたいのは、私は決して転職を促しているのではないということです。世の中の技術進歩により、人がやっていた仕事が機械に代わったことで、自分たちの仕事がなくなったり、そのために人員削減が起こったりということが発生します。定年までの40年間を安定して過ごすということは、大企業にいても難しい時代なのです。

例えば、公共の路線バスを考えてみましょう。昔は、車掌さんがいて、乗客は車掌さんに運賃を払っていました。機械化が進み、今ではほとんどワンマンカーになり、バスの運転手が一人で運転と乗車券の販売も行ない、車掌さんの職はなくなりました。このように、自分が続けたいと思っても、外部環境の変化によって職がなくなり、トランジションする必要性が生じるという場合が出てきます。就職をしたから良いのではなく、自分の長い人生を考えると、本当に今の仕事で良いのか、今の自分で良いのか、今の自分に満足しているのか、など自分についての棚卸しをする必要があります。そのためにも、私は10年スパンで物事を見直すことが必要だと思っています。10年後、自分はどうありたいか？　これは、30歳、40歳と、節目節目で考えていくということです。

では、どのようにしたら上手くトランジションが出来るのでしょうか。キャリア・トランジションに関する理論には、ジョン・クランボルツの「計画された偶発性理論」以外にも、ウィリアム・ブリッジズの「トランジションの3段階プロセス理論」やロンドン・ビジネス・スクールのナイジェル・ニコルソンの「キャリア・トランジション・サイクルモデル」などがあります。次にその2つのトランジション論を見ていきましょう。

1「トランジションの3段階プロセス理論」

ブリッジズは、年齢に関わらずトランジションは起こるというスタンスに立ち、発生プロセスに着目して「終焉」（何かが終わる時）、「中立圏」（ニュートラル・ゾーン）、「開始」（何かが始まる時）という3段階のプロセスで分ける考え方を提唱しました（表1参照）。

①第1段階「終焉」の4要素

ブリッジズは「終焉」が転機の始まりであるとし、その段階をさらに4つの要素「離脱」「アイデンティティの喪失」「幻滅」「方向感覚の喪失」に分けています（表2参照）。

②第2段階の「中立圏」を乗り越えるための6つのアクション

第2段階の「中立圏」（ニュートラル・ゾーン）は、トランジションにおいて最も重要な時期だと位置付けています。中立は宙ぶらりんな状態で不安定で、混乱や苦悩の時期で大変な時期ですが、この時期をしっかりと乗り越えることが、新しいことを始めることにつながっていきます。その「中立圏」を乗り越えるための6つのアクションを提示しています。

①一人になれる特定の時間と場所を確保する
②ニュートラル・ゾーンの体験の記録を付ける
③自叙伝を書くために、ひと休みする

表1●トランジションの3段階プロセス

段階	プロセス		具体的内容
第1段階	終焉	何かが終わる時	トランジションは、何かが終わる・上手くいかなくなることから始まる。これまで慣れ親しんできた活動・人間関係・環境などから引き離されることにより、アイデンティティ・方向感覚を失い、混乱・空虚感などの心理的な痛みを感じやすい時期。これらの困難に直面しながらも、しっかり終わらせることが大切。
第2段階	中立圏	ニュートラル・ゾーン	内的な方向性づけをするトランジションにおいて、最も重要な時期。過去・現在の自分と未来の新しい自分との狭間で、深刻な空虚感を感じる。乗り越えるためには、一人の時間、静かな場所、言語(記録)化、休息などを意識的に確保し、あらためて自分と向き合うことが大切。
第3段階	開始	何かが始まる時	計画的・偶発的に関わらず、新たに何かを始める時期。安全で慣れ親しんだ現状が壊れてしまう不安から、内的な抵抗が生じやすい。抵抗を前提に適切に対応することと、焦らないことが大切。

出典:ウィリアム・ブリッジズ『トランジション』(パンローリング、2014)より著者作成

表2●第1段階の4要素

	4要素	内容	例
何かが終わる時	離脱	自分が置かれていたこれまでの環境や立場から離れる。	会社を退職する。
	アイデンティティの喪失	離脱により、自分が何者であるか分からなくなる。	職場の立場・役割を失い、働いていない人になる。
	幻滅	これまで抱いていた考え方や価値観が失われたことによる落胆。	これまで自分はなぜ働いてきたのか? という意味を振り返る。
	方向感覚の喪失	将来の計画や目標を失う。	自分がこの先やりたいことなどがわからなくなる。

出典:同上より著者作成

④この機会に本当にやりたいことを見いだす
⑤もし、今、死んだら心残りは何かを考える
⑥数日間あなたなりの通過儀礼を体験する

ブリッジズは現在の状況から逃げ出すことや、見て見ないふりをするのではなく、自分自身と徹底的に向き合う時間を意図的につくりだす重要性を伝えています。このようにニュートラル・ゾーンを十分に体験することが、「何かを始める時」への準備につながると述べ、この第2段階の準備がターニング・ポイントで、偶然の新たな始まりを引き寄せると言っています。

◎問題

①あなたのトランジション、人生の転機を考えてみよう。自分の今までのトランジションの状態を、ブリッジズの3段階理論にあてはめ、どのような状態であったか、思いだしてみましょう。
②自分より人生経験が豊富な人のトランジションをインタビューしてみましょう。
③第1章「グローバルキャリア10傑」を読んで、トランジションを分析し、その時の心理状態、どのように決断したかを話し合ってみましょう。

2「キャリア・トランジション・サイクルモデル」

ナイジェル・ニコルソンの「キャリア・トランジション・サイクルモデル」は、ブリッジズのトランジションモデルを応用したものです。金井壽宏（神戸大学大学院教授）は、ブリッジズのトランジション論は、人生全般にまつわることで、必ずしも焦点は仕事の世界ではなかったのに対し、ニコルソンのモデルでは、仕事上のキャリアという問題に対して、より本格的なトランジション・モデルであると言っています（金井壽宏『働くひとのためのキャリア・デザイン』ＰＨＰ新書、２００２）

ニコルソンは、皆さんが仕事をしていく上で、キャリアを重ねる段階には４つのサイクルがあるといいます。その４つのサイクルとは、①準備→②遭遇→③順応→④安定化というものです。準備（preparation）の段階で新しい世界に入る準備をし、その中で様々なものに遭遇（encounter）する時期があり、そうしている中で徐々に溶けこむための順応（adjustment）が起こり、最終的に慣れて落ち着く安定化（stabilization）にたどり着きます。図３が４つのサイクルの詳細です。これは、皆さんがどのような節目や立場であっても当てはめることができます。各段階のＡ～Ｆは以下のような内容を表します。

Ａ：トランジションの各段階での課題・目標

B：各段階ごとに不適応の場合に生じるメカニズム
C：上手く適応が促進されるためにその段階で生じているべきこと（Bのサイクルがマイナスに対し、Cはプラスになるサイクル）
D：段階に応じて上司・マネジメントや人事部がその気になれば出来ること
E：それぞれの段階の底流にある心理過程
F：Eの心理過程に適用できる理論

（金井前掲書より、著者一部加筆）

このサイクルを1回ではなく何回も経験することにより、人は成長していきます。自分は今どの段階にいるのかを学ぶことで、そこで課題になってくることや、ここを乗り越えると何処に行き着くのかを考えてみて下さい。

今の自分を常に客観的に分析することにより、将来の自分の立ち位置を予測できます。もし、その立ち位置が自分の納得できないものであれば、方向転換する必要があることに気がつくはずです。また、その組織で納得している人も、次の準備段階を考えることにより、その組織でより自分らしく生きるキャリアを築けるはずです。

キャリアを築くとは、他人と比較するのではなく、自分が納得のいく人生を送ることです。常に気を張って生きている必要はありませんが、人生の節目節目では、しっかりと自分を見つめ、

図3●「キャリア・トランジション・サイクルモデル」

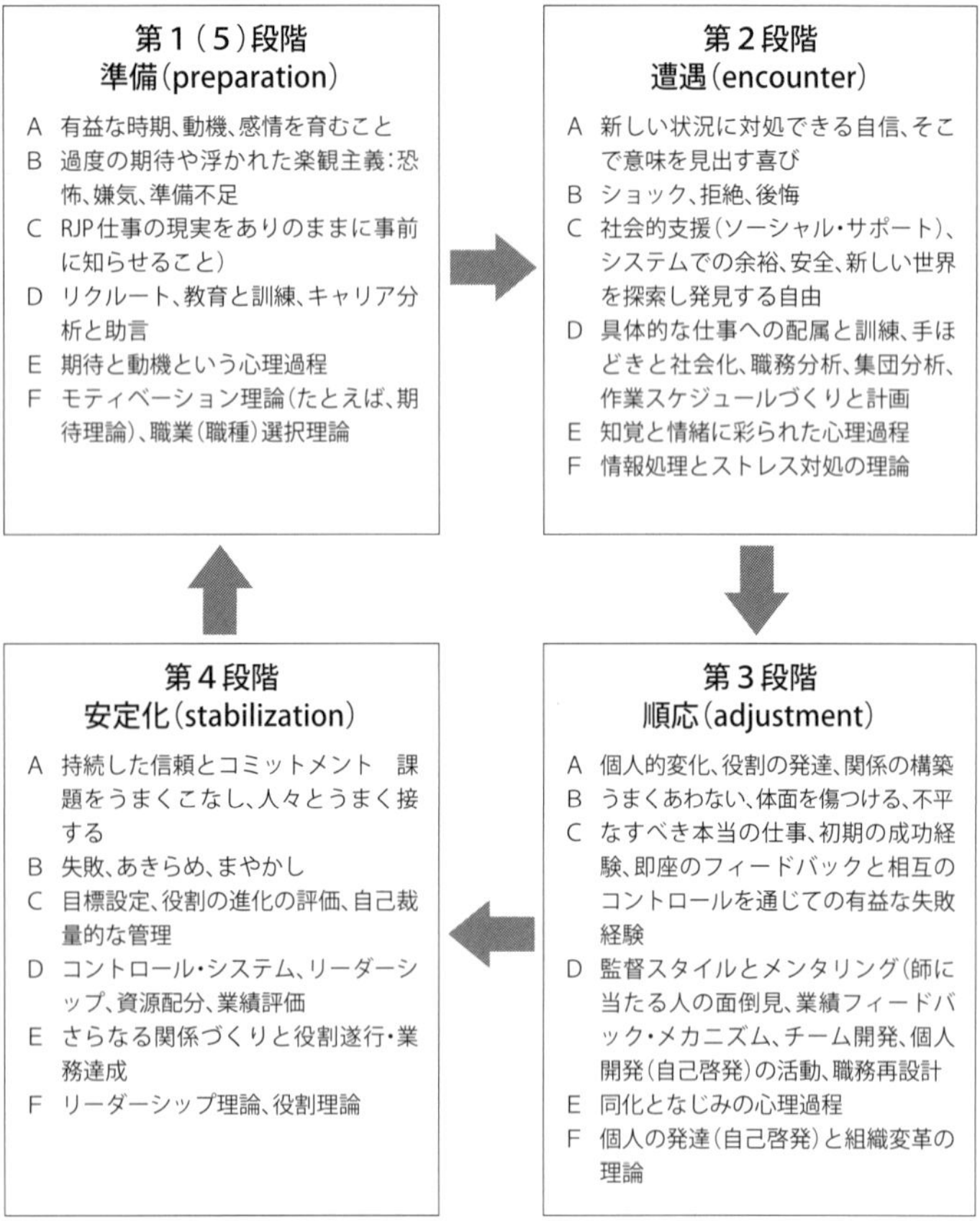
第1(5)段階
準備(preparation)
A 有益な時期、動機、感情を育むこと
B 過度の期待や浮かれた楽観主義：恐怖、嫌気、準備不足
C RJP仕事の現実をありのままに事前に知らせること)
D リクルート、教育と訓練、キャリア分析と助言
E 期待と動機という心理過程
F モティベーション理論(たとえば、期待理論)、職業(職種)選択理論
第2段階
遭遇(encounter)
A 新しい状況に対処できる自信、そこで意味を見出す喜び
B ショック、拒絶、後悔
C 社会的支援(ソーシャル・サポート)、システムでの余裕、安全、新しい世界を探索し発見する自由
D 具体的な仕事への配属と訓練、手ほどきと社会化、職務分析、集団分析、作業スケジュールづくりと計画
E 知覚と情緒に彩られた心理過程
F 情報処理とストレス対処の理論
第3段階
順応(adjustment)
A 個人的変化、役割の発達、関係の構築
B うまくあわない、体面を傷つける、不平
C なすべき本当の仕事、初期の成功経験、即座のフィードバックと相互のコントロールを通じての有益な失敗経験
D 監督スタイルとメンタリング(師に当たる人の面倒見、業績フィードバック・メカニズム、チーム開発、個人開発(自己啓発)の活動、職務再設計
E 同化となじみの心理過程
F 個人の発達(自己啓発)と組織変革の理論
第4段階
安定化(stabilization)
A 持続した信頼とコミットメント 課題をうまくこなし、人々とうまく接する
B 失敗、あきらめ、まやかし
C 目標設定、役割の進化の評価、自己裁量的な管理
D コントロール・システム、リーダーシップ、資源配分、業績評価
E さらなる関係づくりと役割遂行・業務達成
F リーダーシップ理論、役割理論

出典：金井壽宏『働くひとのためのキャリア・デザイン』より著者作成

キャリアをデザインしていくことが自分を成長させることにつながっていくはずです。

◎問題

ニコルソンの「キャリア・トランジション・サイクルモデル」をもとに、自分の人生の棚卸しをしてみましょう。

私のキャリア・チェンジ

ここで、私自身のキャリア・チェンジをもとに分析してみようと思います。第5章で、私が客室乗務員になるにあたってのSWOT分析をしました。それでは、次に客室乗務員から大学の教員に至った経緯をお話しします。

1 最初のトランジション

始めのトランジションは、大学生から社会人になることです。これが、第1回目のキャリア・チェンジです。

私の目標の1つは、生涯現役で社会と関わっていたいということでしたから、一番良い方法は定年がない、自分の会社を経営することだと思っていました。しかし、それをするにも、何をしたらよいかわからないので、社会に出て、何かビジネスになるようなことを見つけられたらいいなぁ、その手段としては、世界を見てまわることができる客室乗務員になることが最善の方法だ、と考えたわけです。しかし、大学時代に水上スキーばかりやっていたので、成績は決して良い方ではなかったと思います。

なぜ、水上スキーを始めたかというと、大学入学の時にクラブの先輩に勧誘されたのがきっかけです。「水上スキーは大学から始める人がほとんどだから、ちょっと頑張れば日本一になれるよ。特に、うちは女子が強くて3年連続インカレで優勝しているからね」という一言がきっかけでした。一浪して入った大学は、第一志望ではなかったために、出来れば2年で転学しようと考えていました。しかし、転学は必ずできるとは限らないし、大学で一生懸命勉強して総代で卒業することと、水上スキーで大学日本一になることを比較した時、総代は確かにすばらしいことだけど、誰が総代だったかなんてたぶん誰も覚えていない、それよりも、マイナーなスポーツでも日本一になることの方が人生で得することがあるのではないかと思い、入学して2ヶ月も経たないうちに転学するという志は消え、日本一を目指すという目標に変わってしまいました。

水上スキー学部に4年間いたといっても過言ではないくらい、クラブ活動に専念していました。明学女子の看板を汚してはいけないという思いもあり、4年生のインカレで優勝することができました。私の大学時代の自慢と言えばこの事だけで、それ以外は3歳から続けている日本舞踊ぐらいです。もし、面接で勉強した法学について聞かれたらアウトです。

客室乗務員の試験は、その当時、受験者も多く、東洋大学の校舎で1次の筆記を受験しました。受験当日、40度近い熱を出し、何を書いたか覚えていないほどで、落ちたと思いましたが、運よく1次を通過することができ、面接までこぎつけました。

この1次面接の出来事は今でも鮮明に覚えています。面接官2名に対して受験者2名という2対2の面接で、面接時間は15分ぐらいだったと思います。その時一緒に受けた相手は、御茶ノ水女子大学の教育学部で教員免許を持っている人でした。

まず、彼女から面接が始まりました。まずは、お決まりの志望動機です。彼女は「視野を広めたいと思い、客室乗務員を志望しました」というようなことを答えたと思います。それに対する面接官の質問は「あなたは教員免許を持っていますね。教員では視野を広めることはできないのですか?」というものでした。それに対して、彼女がどう答えたかは覚えていませんが、長い時間、彼女に面接時間が費やされ、残り5分ぐらいになったところで、やっと私に順番が回ってきました。

彼女への質問がかなり答えにくいものばかりだったので、順番が来るまで不安でした。特に、労働法のゼミでの研究活動について聞かれでもしたら、ほとんど勉強していない私は答えることができません。私への質問は、「小泉さんは、部活動が水上スキーと書いてありますが、どのようなスポーツですか?」というものでした。これは、神様が助けてくれたとしか言いようがありません。私は水を得た魚のように、水上スキーの競技について、「なぜ始めたのか、大学4年間の活動、その結果、自分がどのように成長したか」を滔々と話し、この1問で私の面接は終わりでした。結果、2次選考に彼女はいませんでした。もし、1回目の面接で別のことを聞かれたら、私は次の選考に進むことができなかったのではないかと思います。今でも、1次面接の質問が私を良い結果に導いてくれたのだと思っています。その結果、運よく希望の客室乗務員として入社することができました。

2 キャリア・チェンジに至るまで

27年間の客室乗務員の生活の中で、ドナルド・スーパーやエドガー・シャイン（第4章参照）がいうように、入社した頃、そして30歳前後、40歳前後の人生の節目にキャリア・チェンジの機会が3回ありました。

まず、入社してフライトし始めた時のことです。ホノルルに行く夜間飛行のフライトで、まだ、SSジュニア[9]の私は、食事サービスが済んでお客様が寝ている間、客室のラバトリー（トイレ）の掃除や、お客様のリクエストに答えるために、一番後方のラバトリー附近のジャンプシート（客室乗務員用の座席）に座っていました。CF（先任客室乗務員）がコーヒーデキャンターを持って、起きているお客様にサービスをしている姿が目に入りました。その姿を見て、自分が50代になった時、客室乗務員としてコーヒーをサービスしていたいか、という疑問に駆られました。私は、50代でコーヒーをサービスしている自分を想像することができませんでした。

この頃、フライトのステイ先で読んでいた自己啓発の本で、MBA（経営学修士）という資格があり、アメリカではキャリアアップを目指す人たちが取得すること、また、商社など企業から選ばれた人が海外に学びに行っていることを知り、大変興味を持っていました。興味を持った理由は、その当時、私たちの給料は、一般の事務職の女性と比較するとかなり良く、先輩の中には、現在と同様の年収を貰えないから体力的にきついので辞めたいけど辞められないとか、仕事を楽しんでやっていないという先輩などもいました。私は、年収に縛られて続けることだけはしたくないと思っていましたし、もし、今の年収を維持しようとすればどのような仕事があるかと考えた時、思い当たるのは外資系でバリバリと働いている女性ぐらいだったのです。でも、今の自分が外資系に転職できるかと言えば、たぶん不可能だろうと感じていました。転職しても今の年収を維持するには、なにか武器になるものを持っていないといけないと感じていました。その武器となりうるものは、語学とMBAだと思ったのです。

27歳で留学試験を受けて合格したのですが、MBA留学をするには2年間で当時約1000万円の費用がかかり、留学するには会社を辞めなければならないこと、また、2年間で本当に卒業できる自信がまだその当時はなかったこと、そして仕事が楽しかったこともあり、MBAの夢はそのまま消えてしまいました。

第2の機会は、教官職と子会社への出向経験です。1996年~98年の3年間、会社がタイに本拠地を置いて、タイ人の客室乗務員を主体とした会社を作りました。これは、人件費の問題などが大きな要因ですが、今でいうＬＣＣ（格安航空会社）のはしりです。

タイでの仕事は、タイ人の客室乗務員を訓練する教官でした。教官としての3年間は、タイに数ヶ月滞在したり、日本と往復したりしていました。今までの客室の仕事と異なり、新しいことを覚えなければいけないのと、英語で授業をしなければならないのとで大変でしたが、やりがいもあり、自分ではこれが仕事をするということかと初めて思った時でした。

客室乗務員の仕事は大好きで楽しいことばかりでしたが、自分で考えて新しいことを作り出すというよりは、顧客のニーズに合ったサービスを如何にスムーズに提供するかだったので、仕事内容が異なり新鮮に映ったのだと思います。また、教材などを作る権限も与えられていたので、自分の考えが形になることに喜びを見出し、このような仕事をしてみたいと転職を考え始めました。友人が会社を作るということで仕事の誘いもありましたが、教官職になったばかりで、この仕事の魅力も捨てがたく、結局、この仕事にとどまる決断をしました。もう1つは、折角続けていたので、ＣＦ（チーフ）の仕事をやってみたいという希望もあったのが、決断できなかった理由の1つだと思います。

第3の機会は、子会社から本社に戻る時に昇格をできなかった時です。通常、教官職をやって地上に降りた場合、ほとんどが昇格してフライト業務に戻ります。私の場合、先任を取れる資格、つまりＣＦになって戻るわけです。しかし、2年前から昇格のシステムが変わり、年功序列制度の昇格が撤廃されました。そのため、若い人を昇格させる事例を作る必要があり、昇格対象者の幅を広げたのです。今までの昇格対象者以外を昇格させるという狭間に運悪くあたりました。子会社にいた私は、少ない昇格枠の中で、先輩が多かったために部長から「我慢してくれ」の一言で、結局、昇格することなく本体に戻ることになりました。

運の悪いことは重なるもので、その直後、通勤途中で交通事故に遭い1週間休むことになりました。そして戻って直ぐに、本体の訓練所に行かないかというオファーがありました。しかし、折角フライトに戻れたことから少しの間はフライトしていたい、また次回声がかかるだろうと思い、断ってしまいました。その頃、私が会社のシステムをもう少しわかっていたら、きっと断らなかったでしょう。翌年はきっと昇格すると高をくくっていたこともあったと思います。

しかし、このあと次の昇格まで4年間、足踏み状態が続くことになります。同期や後輩が昇格していくなか、ひとり取り残されるのはあまり気持ちのよいものではありません。この4年間、昇格に必要なことは自分なりにしてきたつもりで、決して怠けていたわけではありません。人一倍努力し、昇格に必要なポイントも持ち、マネージャーから今年は大丈夫と言われた年もNGだった時は、昇格は自分の力だけではどうにもならない、外部環境に支配されることがあると気づかされました。

また、いくら実力があったとしても、企業には昇格させる年齢があるのです。年齢が若い方がその分、新たなポジションの仕事をこなす時間が多くなるので、企業は若い人を優先します。4年後、自分を良く評価してくれる上司に恵まれ無事昇格することができましたが、今後昇格しても自分の行き着くポジションが見えてきました。その時、たまたま、大学の講師として1年間派遣された同期やマネージャーがいることに気づきました。私は、この仕事の強みを活かして転職するとしたら、マナー講師ぐらいだろうと思っていたのですが、大学の教員にニーズがあることがわかりました。

しかし、いくら自分がやってみたいと思っても、会社から選ばれなければいけません。もう一つは、講師として派遣された人たちは、自分の経験から教えているということです。もし、本当に今後ニーズがあるとすれば、やはり、理論を学んだうえで教えたほうが有利になるのではないかと漠然と思っていました。世の中が、少子高齢化の影響を受け、大学経営も社会人入学をターゲットに社会人大学院が流行し始めたころでした。昇格を機に、仕事をしながら大学院に通い、20代の夢だったMBAを取得しました。機会があれば転職をと思っていた時に、修士保持者で観光分野の経験がある人材の公募があり、挑戦して今の転職にいたったわけです。

その頃から、インバウンド旅行者の取り込みを始める機運があり、観光分野の専門家を作るために各大学が観光学部などの学部を増やし始めていました。私が辞めた月が、会社が再生手続に入った月とちょうど重なったのは運命のいたずらだったような気がします。私が今あるのは、その企業にいたからであり、色々なことを身につけていたからこそ、見えない付加価値を頂いたことに感謝しています。

今、当時の自分を分析すると、現状にいる自分と企業側の自分を常に比較していたと思います。

キャリア・トランジションにおいては、自ら主体的にキャリアを考え、選択する時に自分と企業、自分と社会を見据えたうえで、自分自身の価値観と照らし合わせながらキャリアを選択していくことが重要であると思います。

【注】

（9）その頃、キャビンアテンダントではなくスチュワーデスと呼び、職位もSS（スチュワーデス）ジュニア、シニア、AP（アシスタントパーサー）ジュニア・シニア、PS（パーサー）、CF（チーフ）となっていた。CFが機内統括者、SSからAPへの昇格は最低3年で、休職しなければ、同期（同じ訓練を受けた同期入社のメンバー）は自動的にAPに昇格することができた。PSからは昇格選考により昇格していくポジションとなる。

第7章

良いキャリアを積んだ人にはストーリーがある

良いキャリアとは何か

第1章の10傑に取り上げられた人たちには1つの共通点があります。それは、彼らにはストーリーがあるということです。何をもって成功とするかは価値観によって異なりますが、自分のストーリーを語れる人を「良いキャリアを積んだ人」だと私は思います。例えば、日経新聞の「私の履歴書」に登場する人たちが良い例です。彼らは、失敗をふくめて多くのことを経験し、それを自分で咀嚼し、自分のものに出来ているからこそストーリーを語ることができるのです。「良いキャリア」＝「成功したキャリア」とは、決して、突出した特別な人だけが持つものではなく、一人ひとりの努力と心の持ちようによって導かれていくものなのです。

前章で取り上げた『働くひとのためのキャリア・デザイン』で、金井壽宏教授は「いいキャリアとはなにか」について13項目にまとめています。そのうちの幾つかについて、私なりのコメントを加えながら紹介します。

①流されることさえ楽しめる余裕を持った人生キャリア

流されることさえ楽しめる余裕を持った人生キャリアとは、目的に向かって毎日張りつめて仕事をするのではなく、進むべき時期が来た時に成り行きに任せるぐらいの余裕を持つことも必要であるということです。クランボルツの「計画された偶発性」（第6章）で言えば、大きな方向づけだけはしっかりと持って準備し、あとは偶然に身を任せることにより、目の前にチャンスが来た時に捕まえることができる。出会いを柔軟に活かすことができるように、準備をしておくのが良いということです。

私は、会社に入るということは、いつかは辞める時期が必ず来る、その時に、「あれもやればよかった、これもやればよかった」と後悔することのないように、大いに会社の利点を活用して活発に動こう、辞める時は、やっていてよかったという満足感で終わりたいと思って仕事を続けていました。会社の仕事が楽しい時は、あっという間に時間が過ぎていきます。そのぐらい、楽しく会社の仕事に流されている時がありました。自分では、その時期があったからこそ、辞めた時に満足を感じ、仕事への達成感も感じることができたのではないかと思っています。

②流れに身を任せつつ、つぎつぎとアクションをしっかりと取っているキャリア

会社に入社して、自分の希望とは違う部署に配属されても、まずはその中で努力をし続けるということです。簡単に言えば、直ぐに辞めないということです。それには、「最低必要努力量」があると金井壽宏は述べています。

「最低必要努力量」とは、どんな仕事でも技能を身につけたり、醍醐味を味わったりするために必要な努力の量のことです。私のゼミ生にも、入社後ひと月ぐらいで辞めてしまう人たちが必ずいます。入った会社が自分に合っているかどうかを感知できるほど皆さんは経験豊富ではありません。十分な努力をする前に、すぐに仕事を変えてしまってはもったいない。大手食品会社の元社長は、「学生は、入った当初はどの企業もブラック企業と感じるでしょう。新人は、ただ言われたことをするぐらいしかできず、やっと仕事ができるようになると言えるのは早くて3年、仕事をしていると実感できるには5年かかる」と話していました。周囲の様子を見て、じっくりと考えてからでも遅くはないということです。

渡辺和子（ノートルダム清心学園理事長）の『置かれた場所で咲きなさい』（幻冬舎）に、「結婚しても、就職しても、子育てをしても、『こんなはずじゃなかった』と思うことが、次から次に出てきます。そんな時にも、その状況下で『咲く』努力をしてほしいのです」という言葉がありま す。企業の中で余裕をもって流されてみることも必要な時があります。そしてトランジションする時には、「最低必要努力量」に達したかどうか、という問いを自分に投げかけてみましょう。

③個人の側のニーズと組織のニーズがうまくマッチングされたキャリア

大企業に就職しても、不満が募るばかりでは人として成長しません。逆に、小さな組織の中で「君がいないと困るよ」と頼られるほどになるのとではどちらが幸せでしょうか。人には他人に認められたいという欲求があります。自分の持っている能力と組織が望む能力がマッチしなければ、たとえその組織に入ったとしても自分の目標に到達することはできないでしょうし、働きがいがない、つまらない毎日を送ることになります。

私のゼミ生で、英語を活用して仕事をしたいと考えている学生がいました。その学生は性格がおとなしく、プレゼンテーションの時は蚊の鳴くようなか細い声で発表するような学生でした。表情が硬く笑顔が出にくいこともあり、就活は苦戦するだろうなと思っていました。彼女のような学生は、時間をかければ本来の良さを発揮するので、小さな組織で彼女の性格を考えながら育ててくれるところに行くと伸びる可能性があります。

そこで、大手ではなく中小企業を選んで就活をするようにアドバイスをしましたが、本人はその意味を理解せず、大手狙いでした。結果は、就職を決めることができず卒業し、1年間、地元の洋菓子店でアルバイトをしながら就活を続けていました。現在は、縁あって中小企業の専門商社で働いています。

先日、ふと研究室に尋ねてきて、「先生の言われたことが、今の会社に入って初めて理解できました。自分が活躍できる場所は、企業の大きさではないですね。まだまだ、新しい事ばかりで仕事にやっと追いついている状態ですが、周囲の人から色々と教えて頂いているので楽しくやっています」と話してくれましたが、その顔は笑顔で活き活きとしていました。この学生は、個人と企業のニーズがマッチした良い例でしょう。

④〈わたしが選んだ道だ〉という尊い自己決定の感覚と、〈皆とともに生きている、皆にいかされている〉という他の人びととつながるネットワーク感覚をふたつながらに、感じさせてくれるようなキャリア

これからの仕事は、一企業で終わることがなく、企業同士が力を合わせて1つのモノを作る時代へと変化しています。例えば、飛行機は一企業が作っているのではなく、多くの部品を各国の企業が担当し、それらのパーツを組み合わせて作られています。そのためには、たんに部品を調達するのではなく、お互いに話し合い協力し合うことが重要です。人と人との関係にもネットワークや情報が重要であり、他者と自分の結びつきに感謝し、それを大切にすることが重要だということです。

仕事をトランジションした私も、大学教員の公募があるという友人からの情報がなければ今の職業についていなかったでしょうし、履歴書を書くときにも、大学教員に採用された友人から話を聞いてポイントを教えてもらわなければ、大学側が求める履歴書を書けなかったと思います。このように、今ある自分のキャリアは一人で築きあげたものではありません。第1章の10傑の人たちの話を読めば、いろいろな友人・知人たちのネットワークが絡み合って成功することができた、ということがよくわかるでしょう。

⑤よいガマンはしっかりとしているけれど、わるいガマンは排しているキャリア

よいガマンとは、自己実現に向けて自分磨きのためにガマンする（努力する）ことであり、そのためのガマンは重要ということです。一方、現在やっている仕事では自己実現ができないと思っても、妥協してその仕事を続けていたり、世間の目を気にしていやいやながら勤めたりするのはわるいガマンということです。

今は仕事場を国内に限定する時代ではなくなりました。日本より海外の企業風土にマッチしていると思えば、海外で働くという考え方もあります。また、海外に支店を持つ企業では現地採用があり、日本人でも海外で現地採用されて働いている人もいます。わるいガマンは長続きしません。終身雇用時代の日本は、わるいガマンをしていた人も多かったのではないかと思いますが、変化していく時代を見る必要があります。

⑥いくつになっても一皮むけて発達を続けるキャリア

一皮むけるとは、「真の姿をおおい隠しているうわべを取り除く」という意味で、脱皮すると考えれば理解できると思います。セミが幼虫から脱皮するように、自分の目指す目標に向かって努力し、困難を乗り越えてより洗練されること、逞しくなることです。いくつになっても一皮むけて発達を続けるキャリアは、第1章の大坂靖彦氏が好例です。

⑦物語の多いキャリア

物語の多いキャリアとは、本章の表題通り「良いキャリアを積んだ人にはストーリーがある」ということです。成功した人に話を聞くと、興味深い経験をしていたり、大変な苦労を克服していたりします。その経験談は、聞く人に感動を与え、糧にもなります。会社の先輩や上司の苦労話や経験談を自慢話と受けとる人もいますが、素直な気持ちで聞いてみると色々と発見があるものです。

就職の面接で、「学生時代に何をやってきましたか」とか「今までの人生で3大ニュースをあげて下さい」というような質問を必ずと言っていいほどされますが、これは言い換えれば「あなたは今迄の人生でどのようなキャリアを築いてきましたか?」ということです。この質問に対して、自分の学生時代はこの場では語り尽くせないぐらい充実したものでした、と言えるぐらい多くの経験をした学生が就職の内定を獲得しています。試しに、あなた自身の今年の1年間を振り返ってみて下さい。毎年、自分の振り返りをすることで、反省や発見があり、それを繰り返すことで物語の多いキャリアが作れるのではないでしょうか。

⑧一皮むける度に行動や発想のレパートリーを広げながらも、ひとりの人間としての深み、統合感、存在感、人間的魅力を絶えず磨きあげているようなキャリア

このような人がいるだろうかと考えた時、北野武さんが思い浮かびました。漫才師としてスタートし、タレント、俳優、映画監督とレパートリーを増やし、今では一流の映画監督として世界中に知られています。彼は、あるテレビ番組で、お笑いタレントと自分を比較して、「漫才では洋七に勝てない、しゃべりではさんまに勝てない、司会では紳助に勝てない。でも芸能人としてのトータルでは良い所には行くと思う」と語っていました。客観的に自己分析し、つねに脱皮しながら生き続けている人として魅力があり、存在感あるキャリアを作っている人ではないかと思います。

以上、「良いキャリアとは何か」について考えてみましたが、一言で言えば、良いキャリアを積んでいる人は、多くを語ることができ、結果、ストーリーがあるということになると思います、それは、年齢を経た人なら誰もが経験として語れるものかもしれません。しかし、ここでいうストーリーとは、相手が共感するストーリーだということです。それはたんに年齢を重ねたから語れるというものではありません。

例えば、フィギュアスケートの羽生結弦選手やテニスプレーヤーの錦織圭選手らのインタビューには、魅力のある言葉が次々に出てきます。例えば、羽生選手の「いかなる状況においても全

力を出し切ることがスケーターとしての流儀です」、ソチオリンピック金メダル獲得直後の「オリンピックで金メダルを取って言うのも何ですが、ちょっと悔しいと思います」や、錦織選手の「体調と気持ちの面がしっかりと整っていれば、どの選手にも勝つチャンスがある」「勝てない相手はもういない」という言葉は、多くの苦しみを経ながら良いキャリアを積んできたからこそ出た言葉ではないかと思います。このように、若くてもストーリーを語ることは出来るのです。皆さんも、是非、多くのストーリーを語ることができるキャリアを築いてください。

誰でもストーリーのあるキャリアを作れる

これから皆さんが社会に出るにあたって、良いキャリアを歩むためにはストーリーが大切であると言いました。皆さんのなかには、「10傑のような人は特別な人たちで、私にとっては高値の花で到底マネはできない」とか、「時代が違う、今の時代では無理」とか、「所詮、私のようなものがストーリーを作れるはずがない」などと思っている人がいるかもしれません。そう思っている人は、この章の始めからもう一度読み直してください。

本書のテーマである「サッカーボール型キャリア開発」は、1つ1つの経験がすべてキャリアにつながるという考え方です。誰しもスタートは同じラインに立っています。「ストーリーのあるキャリアを作れた人はどこが違うか?」を考えてみて下さい。彼らは、人生の節目節目で気づきがあり、その節目節目で自分のキャリアを修正しながらデザインしてきたのです。若い皆さんは、まだ大きな人生の節目（ターニングポント）に出会った経験がないと思うかもしれません。でも、誰にでも節目はあります。単に節目に気がつかないだけかもしれません。気がつくか気がつかないかが、1つのポイントです。その節目に気づかせてくれる契機を、金井教授は4つの契機として次のようにまとめています。

①年齢、カレンダー
②何らかの危機がないと、節目とは意識されない
③契機となるメンターの声
④生活にゆとりや楽しさがある時

以下でその4つの契機についてコメントを加えながら紹介します。

①年齢、カレンダー

皆さんは、中学から高校、大学と年齢を経るにしたがって節目を経験しています。日本には人生のある節目の年齢に、七五三、入学式、卒業式、成人式といった「通過儀礼」があります。このような年齢によるイベントを目安に、自分を振り返り、キャリアを見直す機会にするのも1つ

の方法です。

②何らかの危機がないと、節目とは意識されない

人は窮地に追い込まれれば、誰しもそこから脱するためにもがき苦しみます。これも1つの節目として大きな転機になる機会です。第1章10傑の川野作織さんは離婚、大坂靖彦さんはお父様の死により実家の商売を継ぐ、という節目がありました。こうした機会をとらえてトランジションしたり、自分の立ち位置を考えたりする人は多いと思います。逆に、このような危機が訪れてもそれを自覚しない人、我が道を行く人は、ある意味で鈍感と言えるかもしれません。

③契機となるメンターの声

節目が来ているのに、それに自分では気がつかないことがあります。メンターとは、仕事（または人生）上の指導者・助言者の意味で、このような時にメンターの助言が重要な鍵となります。時には、先輩や親、友人などからのアドバイスで気づかされることもあります。社会人基礎力でも傾聴力が重要視されていますが、こうした他者からの声も重要なヒントになります。

私の経験ですが、40代に入った時に、40～50代の社員を集めた研修が社内で1年間かけて行なわれました。研修内容は、退職金の運用、今後の人生の過ごし方といったものでした。40～50代でキャリアチェンジをして、その後の人生を楽しく過ごしている人の話や考え方なども紹介されました。社内では陰で「肩たたき講座」と言われ、一緒に出席した先輩は「会社はお金のかかる私たちを辞めさせようとしている」と不満を口にしました。私にとってその研修は、自分の人生を振り返る機会、会社での今後の自分の立ち位置を真剣に考えさせてくれる機会でした。確かに会社としては高賃金の社員の扱いに対する1つの施策であったかもしれませんが、たとえそうであれ、人生を考えなおす機会を与えてくれたことに今では感謝しています。同じ機会を与えられても、その機会をどのように考え、どう使うかによって、その後の人生のデザインも変わってくるのです。

④生活にゆとりや楽しさがある時

今までの3つは、人生をトランジションするきっかけとしての契機ですが、これは、現在の楽しい状態を見直してみる、ということです。キャリアデザインというのは、自分が満足できる状況を自分の手でデザインすることですから、良い時代を長く維持し続けるには、自分の成功部分をチェックする必要があります。

良い時は、楽しさに流されてしまいがちですが、このような時に自分を見つめ直すことも大切です。ドラッカーは『変貌する経営者の世界』（ダイヤモンド社、1982）で、「成長の危機による傷から回復することは、不可能ではなくとも至難である。しかしそれはかなり容易に防げる。また、防がなくてはならない」と述べています。経営という観点からの言葉ですが、個人のキャリアデザインにも当てはまります。良い時に、再度、自分を振りかえる余裕を持つこと、そのために旅行などをして違った環境で考えるのも1つの方法でしょう。

節目を活かして人生を変えた2人

ここで、節目を大切にして人生を変えた2人の人を紹介します。

大胡田誠

大胡田《おおごだ》誠さんは、全盲で司法試験に合格した3人目の弁護士です。彼の著書『全盲の僕が弁護士になった理由』(日経BP社)は松坂桃李主演でテレビドラマ化されたので、ご存じの人がいるかもしれません。彼は先天性緑内障で、徐々に視力が弱くなり12歳の時に失明しました。失明した当初は自暴自棄になり、両親にも怒りを向けた時期があったそうですが、中学2年生の時に学校の図書館で1冊の本に出会います。日本で初めて点字で司法試験に合格した全盲の弁護士、竹下義樹の『ぶつかって、ぶつかって。』(かもがわ出版)でした。目が見えていた頃の自分を知る街で暮らすのが辛く、地元の沼津から上京して筑波大学附属盲学校中学部に進学して、合宿生活のような暮らしをしていた彼にとって、その本との出会いはターニングポイントというべきものでした。

その本から受けた感動が彼を弁護士の道に進めさせたのです。全盲ということで、大学に受け入れられなかったり、下宿の部屋を貸してもらえなかったり、大学の授業ではノート代わりに使っているパソコンを打つ音がうるさいために隅で授業を受けるように教員に言われたり（これについては、同級生が先生に抗議をしてくれたということです）といった困難を克服して、慶応義塾大学大学院法務研究科を出て難関の司法試験に5回目のチャレンジで合格。現在は竹下義樹氏が所長を務める「つくし総合法律事務所」で、障がい者の人権擁護についても精力的に活動しています。

税所篤快

1989年生まれの税所篤快《さいしょあつよし》さんは現在26歳。早稲田大学教育学部3年の時、19歳でバングラデシュに渡り、グラミン銀行のグローバル・コミュニケーション・センターで初の日本人コーディネーターになり、20歳でグラミン銀行史上最年少で事業「e-Education プロジェクト」を設立し、その後独立。貧困地域の高校生たちに映像授業をインターネットで配信する遠隔地教育を行なっています。

彼の行動のきっかけは、失恋だったそうです。大学に入って初めてつきあった彼女に、「政治家になって世界を変える」とか「企業家になって、すごいビジネスで人の役にたつ」とか、いつも大言壮語していたら振られてしまい、二度と大切な人を失いたくない、強くなりたい、と悩み考えました。そして、彼の出した結論は「世界でピカリと光る一人前の男になる」というものでした。そして「国際協力」「インターン」「ＮＧＯ」などといった言葉がタイトルについた本を図書館で読みあさる日々のなかで、街の本屋で彼の運命を変える1冊の本、坪井ひろみ『グラミン銀行を知っていますか』（東洋経済新報社）と出会います。彼は坪井教授に直接話を聞くために、夜行バスで秋田大学にまで出かけたといいます。

大胡田さんと同じく1冊の本との出会いが彼の人生のターニングポイントになったのですが、彼が国際教育支援ＮＧＯ「e-Education Project Japan」を創設するにあたっては、もう1つの出会いがありました。高校時代に通っていた予備校、東進ハイスクールのビデオ授業です。彼の高校時代の偏差値は28。数学の試験で１００点満点の２点を取ったこともあるとか。東進ハイスクールのビデオ学習のおかげで早稲田大学教育学部に進学することができ、その時の経験がバングラデシュでのビデオ学習につながります。小さな農村の受講生から名門ダッカ大学の合格者を出し「バングラデシュの奇跡」と呼ばれました。現在、同様の取り組みを世界の8地域で行ない、『「最高の授業」を、世界の果てまで届けよう』（飛鳥新社）など、著書はすでに5冊以上を数えます。この若さでもストーリーのあるキャリアを作れるという見本のような彼も、高校時代は〝落ちこぼれ〟の一人だったのです。

逆張り人生（Contrarian Career）もあり

いよいよ最後になりましたが、ここでは「逆張り人生もある」という話をしたいと思います。「逆張り」とは、投資手法を表す用語です。株価が上昇傾向（上昇トレンド）にあるときに買い、下落傾向にあるときに売るのを「順張り」といい、株価が急落したときに買ったり、急騰したときに空売りするなど、株価の方向と逆に売買する方法を「逆張り」と言います。英語では、順張り投資家をMarket Follower、逆張り投資家をContrarianと言います。キャリアで言えば、私は大手企業狙いを順張り投資家、初めは小規模なところで修業してキャリアを積み、成長していく人を逆張り投資家と称しています。「初めから大きな船に乗る必要はない。船はいつでも乗り換えることができる」、それが「逆張り人生」（Contrarian Career）です。

投資にたとえたのは、人生で自分自身を磨くために勉強することも投資であり、24時間という平等に与えられた時間を有効活用するのも投資だからです。例えば、主婦で勤めを持っている人は、家事を100％こなすことは無理です。家事のために、ハウスキーパーを雇ったり、ルンバのようなお掃除ロボットを買ったりして、時間をお金で買うことも一種の投資です。何を投資するか、どのように投資するかは、その人に任されています。

私が教える学生には、「客室乗務員になりたくて、ホームページを見たら先生の名前があったので応募してきました」という学生が一学年に数人います。私としては、大変ありがたいことですが、それを実現させるというのは、また別の話です。長年、客室の仕事をしていましたから、適正があるかないかはその学生の普段の生活から判断できます。客室乗務員としては評価されにくいけれど、別の業種では評価が高くなる可能性があるという学生もいます。時間をかけて自分にあった職業を見つけるように指導していますが、どうしても客室乗務員になりたい、という学生には、日本の航空会社だけではなく、外資系、特に中国系の航空会社の受験を勧めています。

外資系の場合は、3~5年の契約で仕事が終了します。その間、外国が生活拠点か日本が拠点かは、航空会社によって異なりますが、基本的に外国の航空会社に入れば、英語とその国の母国語を中心に仕事をすることになります。中国の13億人の人口を考えると、中国語は英語に続いて、今後、ますます必要な言葉となっていくでしょう。中国語を話せる人はいるでしょうが、中国人のなかでマイノリティの日本人として仕事をした経験をもっている人は貴重な存在となります。仮に転職するとしても、企業側にとって中国の異文化を経験している貴重な人材となるでしょう。雇用条件や給料は日本の企業と比べると劣るかもしれませんが、初任給の差などは大したことではありません。逆に、3年間、中国に語学留学しながら給料をもらっていると考えれば、得しているとも言えます。その間にアンテナを張って、次の仕事を探しなさいとアドバイスをしています。

実際に、これをそのまま実践した学生がいました。彼女は留学して英語力もありましたが、身長がやや低く、それが原因か日本の航空会社を受験し、いいところまで行くのですが内定をもらうことができませんでした。唯一、中国系の航空会社から内定をもらい、1年間そこで務めた後、既卒としてエミレーツ航空と全日本空輸を受験して、両社から内定をもらい、今は全日本空輸で元気に働いています。この時、2社とも面接で「中国語はできますよね?」と聞かれたそうです。

もう一人は、学生時代、ボランティア活動やゼミのプロジェクトで一生懸命頑張っていた学生でしたが、なぜ客室乗務員になりたいかという目的が感じられなかったことと英語力が弱かったこともあり、航空会社からの内定を取ることができませんでした。しかし、いったん就職したのち、既卒で念願の日本航空から内定をもらって、現在は元気で活躍しています。私は社会人になった彼女から届くメールが、徐々にしっかりとした文章になってきたことに気づきました。会社でかなり鍛えられたのであろうことが推察されます。それも志望の会社に転職できた要因の1つではないかと思います。

このように、着実に船を乗り換えて行っている人たちが身近にいます。「順張り投資家」でいくか、「逆張り投資家」でいくかは、その時の環境や自分の置かれた条件などによって選べば良いでしょう。皆さんの人生はこれからです。キャリアの授業の中で自分に向き合うことを避けないでください。今の自分に諦めないでください。成功・失敗にかかわらず多くの経験を積んで、卒業するまでに1つのサッカーボールを完成させてください。一人でも多くの学生がストーリーのあるキャリアデザインを作ることができるよう心から願っています。

あとがき

岩谷英昭さんが明治学院の理事をされていた頃、大学のキャリア教育について時折雑談をかわしていました。

「社会に出たら、大学名ではない、結果を出して何ぼの世界。その積み重ねをバネに、頑張っている卒業生がいることを学生に伝えることができる授業、卒業生から直接話が聞ける授業があったらいいですね」

瓢箪から駒のことわざ通り、2015年から明学に「キャリアデザインⅠ」という授業が実現しました。私がキャリアの講義をし、社会で活躍している明学OBの方々にゲストスピーカーとしてお話をして頂くというスタイルです。さらに、「授業に教科書として使える本があったらいいですね」という話になり、大学の協力のもと、この本ができあがりました。

本書は、これから社会に出ていく学生を対象にしたものですが、既に働いている社会人の方々にも一読していただき、自分を振り返り、「満足のいくキャリア」、「満足のいく人生」を見つけていただければ幸いです。

秋学期も終わりを迎え、最後のゼミの授業で4年生の顔を一人ひとり見ていると「成長したな」という一言に尽きました。これからキャリアを積むことによって、さらに成長を遂げていくのだろうと感じます。観光関連の授業では、学生を一流のホテルへ見学に連れていったり、少し贅沢と思われる場所で食事をしたりしました。良いものに触れることで良いものに憧れ、自分が感じる良いものに向かって目指すパワーを持ってもらいたいと思ったからです。今の若い人たちは、安定志向に流れているとよく言われます。それも重要なことですが、そのために欲望が希薄になり、冒険をしないようになってきているように感じられます。その原因の一つに、「本物」を知らず、それを経験していないことが挙げられるのではないでしょうか。一流の人たちがどのような場所を使うのかを知り、そこで働く人たちの立居振舞いを見ることによって、今の自分に欠けている部分に気づき、それを目指して切磋琢磨することも必要ではないかと思います。

原稿を書き終えた翌日、「先生の声が急に聴きたくなって」と昨年の卒業生から電話がかかってきました。執筆を終えた絶妙なタイミングでした。学生から電話やメールが来る時は、良い知らせか仕事に悩んでいる時かのどちらかです。彼女は1、2年の頃、授業をサボっていたために単位ぎりぎりで卒業しましたが、「人間力」のある学生だったので就職活動はスムーズに行き、中古車販売の会社にトップクラスで入社。卒業後連絡がなく、ゼミの5周年記念パーティにも来なかったので気になっていた矢先の電話でした。

「今、豊田市にいます。セールスで全国15位になりました」「すごいじゃない。でも、初っぱなから、かなり飛ばしたね。スピード違反じゃない？」「はい、今は先輩も転勤したりして、私が実際に店舗の責任者的な存在になり、プレッシャーで……」（これか、彼女が電話してきたのは）と、さっそく彼女の悩みを聞きだしました。20分ぐらい話したでしょうか、「元気が出ました。2月には営業でそちらに行くので先生の顔を見に行きますね」と言って彼女は電話を切りました。また、何というタイミングか、ちょうどその時、石川県の加賀屋に就職して台湾加賀屋に研修に行っている学生からこんなメールが届きました。

「小泉先生ご無沙汰しております！　台湾へきて2週間が経ちました。日本とは全く異なる環境で働けることが、今の自分にとって凄く良い刺激になっています。それと同時に言葉の壁も痛感する毎日でもあります。この前は久々に仕事中に心が折れ、日本に帰りたいと同期に弱音を吐いてしまいました。言葉が通じないのは当たり前なんだからと言われて肩の荷がおり、次の日からは失敗を恐れずに何とか覚えたての中国語で会話を心がけています。日本と違ってお姉さん達が凄く優しくて、毎日色々な中国語を教えてくださったり、レストランで実践させてくれます。これから帰国までの期間、何回も心が折れると思いますが、めげずに頑張って色々なことを吸収して日本に帰国したいと思っています！　また近況報告させてください」

この時、キャリア教育とは、学生と永遠に関わることであり、「内定を取った」「昇格した」など多くの喜びを分かち合い、また一緒になって悩み、解決していく生涯教育だと感じました。キャリアに関しては多くの理論があり、実践的な人たちによる自論があります。この領域は答えが一つではなく、答えはそれぞれの人の中にあると思います。本書がその答えを導き出すヒントになれれば幸いです。私の実践したキャリア教育の結果が出るのは、当分先のようですが、キラキラと輝いている社会人となった学生たちと会うことを楽しみに、今後も教育と研究に励んでいきたいと思います。

本書は明治学院大学からのご支援を受けて刊行に至りました。刊行の機会を与えて下さった明治学院大学と、声をかけて下さった岩谷英昭氏に深く感謝の意を申し上げます。また、出版を引き受けて頂いた白桃書房の代表取締役大矢栄一郎氏ならびに編集を担当して頂いた服部滋氏には、執筆が予定通りに進まずご迷惑をおかけしたにもかかわらず、寛大な心で対応して頂きありがとうございました。試験期間中にも関わらず、本書に楽しい挿し絵を描いてくれたゼミ生の木村香南子さんには、感謝するとともに最後の4年生を充実したものにし、自分なりのキャリアデザインを描いて行って欲しいと願っています。最後に、本書を読んでくださった皆様に感謝し、私の座右の名をお伝えして筆を置かせて頂きます。

「夢は見るものではなく、叶えるためにある」

２０１６年３月

小泉　京美

岩谷英昭

1968年、明治学院大学経済学部卒業。同年、松下電器産業入社。米国松下電器CEO、同会長兼松下電気取締役を経て、2006年、明治学院大学客員教授。現在、明治学院大学学長特別補佐、東北財経大学（中国）客員教授、ピーター・ドラッカー研究所特別顧問。著書に『松下幸之助は生きている』（新潮新書）、『松下幸之助は泣いている』（朝日新書）他。

小泉京美

明治学院大学法学部卒業。日本航空に客室乗務員として入社。国内・国際線先任客室乗務員として機内業務統括に従事。フライト業務の傍ら、立教大学大学院ビジネスデザイン研究科で経営学修士課程修了、MBA取得。現在、相模女子大学学芸学部准教授。著書に『キャリア教育で「人間力」が伸びる』（東方通信社）他。

■サッカーボール型《がた》キャリア開発《かいはつ》
――グローバルキャリアに偏差値《へんさち》なし

■発行日――2016年3月26日　初版発行　〈検印省略〉

■著　者――岩谷英昭《いわたにひであき》／小泉京美《こいずみきょうみ》

■発行者――大矢栄一郎

■発行所――株式会社　白桃書房

〒101-0021　東京都千代田区外神田5-1-15
電話 03-3836-4781　FAX 03-3836-9370　振替 00100-4-20192
http://www.hakutou.co.jp/

■印刷・製本――藤原印刷

　ISBN 978-4-561-25676-2 C3034